Das Buch

»Als wir den Eingang des Germanistischen Seminars der Moskauer Universität betraten, grüßte uns ein handgemaltes Schild: GUTEN TAG, LIEBER HERR BÖLL, LIEBER HERR GERLACH, LIEBER HERR HAGELSTANGE! ... und ich muß gestehen, daß mich diese unmittelbare, naive Anrede rührte ... Es ging wenig sensationell zu in dem einfachen, gut besetzten, aber keineswegs überfüllten Hörsaal. Wir wurden von Lew Kopelew willkommen geheißen ...« Die Begegnung, die Hagelstange beschreibt, wäre heute so nicht mehr möglich. Richard Gerlach ist tot, Lew Kopelew lebt im Westen. Dennoch ist es im Schatten von Rüstung und »Nachrüstung« wichtiger denn je, einmal nachzulesen, was drei Schriftsteller aus der Bundesrepublik Deutschland vor zwanzig Jahren, lange vor der offiziellen »Entspannung« in Leningrad, Moskau und Tiflis an Menschlichkeit, Freundschaft und Hoffnung entdeckt haben. Daß die Beobachtungen Hagelstanges nicht unkritisch (und überdies mit einer Prise Humor gewürzt) sind, versteht sich bei diesem souveränen Stilisten von selbst.

Der Autor

Rudolf Hagelstange, geboren am 14. Januar 1912 in Nordhausen/Harz, war zunächst Feuilleton-Redakteur, wurde 1940 Soldat und lebt heute als freier Schriftsteller in Erbach. Er unternahm ausgedehnte Reisen nach Süd- und Nordamerika, dem Nahen Osten, Südostasien, Indien, Japan und der UdSSR. Wichtige Werke: ›Spielball der Götter‹ (1959), ›Altherrensommer‹ (1969), ›Das Haus oder Balsers Aufstieg‹ (1981) Romane; ›Der schielende Löwe‹ (1967), Reisebericht; ›Zeit für ein Lächeln‹ (1959), ›Alleingang. Sechs Schicksale‹ (1970), ›Tränen gelacht. Steckbrief eines Steinbocks‹ (1977), ›Der sächsische Großvater‹ (1979), Prosa; ›Venus im Mars‹ (1972), Liebesgeschichten; ›Venezianisches Credo‹ (1945), Lyrik.

Mit diesem Titel wird die Reihe List Taschenbücher im Deutschen Taschenbuch Verlag weitergeführt

Rudolf Hagelstange:
Die Puppen in der Puppe
Eine Reise in die Sowjetunion

Deutscher
Taschenbuch
Verlag

dtv

Von Rudolf Hagelstange
sind im Deutschen Taschenbuch Verlag erschienen:
Spielball der Götter (411)
Altherrensommer (812)
Der General und das Kind (1222)
Reisewetter (1272)
Zeit für ein Lächeln (1321)
Der schielende Löwe (1353)
Der große Filou (1431)
Tränen gelacht (1513)
Und es geschah zur Nacht ... (1595)
Alleingang (1729)
Venus im Mars (2534)
Venezianisches Credo (2543)
Der sächsische Großvater (2553)

Vom Autor überarbeitete Ausgabe
Dezember 1982
Deutscher Taschenbuch Verlag GmbH & Co. KG,
München

ISBN 3-471-77832-2
Erstmals erschienen 1963 im Hoffmann und Campe Verlag,
Hamburg
Umschlaggestaltung: Celestino Piatti
Gesamtherstellung: C. H. Beck'sche Buchdruckerei,
Nördlingen
Printed in Germany · ISBN 3-423-10058-3

Inhalt

Dem Andenken RICHARD GERLACHS
1899–1973

Die Puppen in der Puppe

In Moskau und in Tula, in Leningrad und Puschkin, vor dem Flugplatz von Kiew wie vor dem von Adler am Schwarzen Meer ... an vielen Orten, Plätzen und Straßenecken trifft man in Rußland auf Frauen in weißen Leinenkitteln, die etwas verkaufen: Obst oder Limonade, Andenken oder Bücher, gelegentlich auch die schmackhaften heißen Piroggen und – in der wärmeren Jahreszeit – das aus gegorenem Brot hergestellte und in kleinen Tankwagen mitgeführte Volksgetränk Kwaß.

Alle diese Frauen tragen farbige Kopftücher wie die meisten oder doch sehr viele weibliche Wesen in der Sowjetunion; aber da sie diese Tücher zu den gleichen Kitteln tragen, wirkt auch diese Kopfbedeckung einheitlich. Ja, selbst die Gesichter dieser Frauen, umrahmt von ihren Kopftüchern und über den weißen Kitteln, scheinen etwas Gemeinsames oder doch Typisches zu besitzen: meist waren sie rund und nicht selten ein wenig gerötet (denn es war ja schon herbstlich-kühle Jahreszeit), und sehr oft sahen aus den Leinenkitteln die Ärmel von Strick- oder gesteppten Jacken hervor.

Solche Jacken »tragen auf«, wie unsere Damen zu sagen pflegen, und da die Russen ein bäuerliches Volk sind und viele Russinnen mehr oder weniger wohlgenährten Bäuerinnen ähneln, gewannen die Verkäuferinnen noch an Fülle, und schon am zweiten Tag in Moskau kam mir der Gedanke, daß ich – sofern ich ein Puppenfabrikant wäre – eine Puppe dieses Typs kreieren würde. Sie würde den Namen *»Poshaluista«* tragen, weil ihre lebendigen Vorbilder dieses Wort – *Poshaluista* heißt zu deutsch »bitte schön« – am Tage zahllose Male auf die verschiedenste Art und Weise aussprechen.

Zwei oder drei Tage später sah ich, daß es eine ähnliche Puppe schon gab, allerdings nicht vom Typ der geschilderten Verkäuferinnen, sondern von dem einer farbig gekleideten Bäuerin. Puppen aus Holz, mehr oder weniger gelungen bemalt, aber bunt; manche eine knappe, andere wieder eine gute Handspanne hoch. Alles war rund an ihnen, rund und bunt; und an Stelle einer Taille hatten sie einen Einschnitt, den das Auge zunächst kaum wahrnahm. Aber diese kaum wahrnehmbare Einkerbung deutete auf ein Geheimnis: hier war das russische Mütterchen oder Mütterchen Rußland beweglich, ja teilbar. Mit einer entschlossenen Drehung löste sich der Oberkörper vom Unterkörper, und – eine zweite Puppe wurde sichtbar, ähnlich der ersten, nur etwas kleiner. Und auch diese hatte die zarte Kerbung am Äquator und unter ihrer Außenhülle noch ein Inneres: eine dritte Puppe gleicher Gestalt, aber verschiedener Färbung und natürlich kleiner. Aber wiederum doch nicht so klein, daß sie nicht eine vierte Puppe enthalten konnte, die man schon Püppchen hätte nennen müssen, würde man damit nicht der fünften Inkarnation vorgegriffen haben, die sich noch in der vierten Gestalt verborgen oder auch bereit hielt; bereit für denjenigen, der auszieht, durch die Wände zu sehen, zwischen den Zeilen zu lesen und zwischen den Worten zu lauschen, von Fragen auf Wünsche, von einem Schweigen auf Einverständnis, von Funktionären auf die Parteilinie und von Menschen auf die Volksmeinung zu schließen; verborgen für denjenigen, der weiß, was er wissen oder auch überhaupt gar nicht wissen möchte.

Und nun, nachdem diese kürzeste und zugleich weiteste von drei größeren Reisen hinter mir liegt, nachdem ich den toten Lenin im Kreml-Mausoleum und das Grab des unsterblichen Tolstoi in Jasnaja Poljana besucht habe, nachdem ich an einem Abend den greisen Strawinskij speisen und den stämmigen Oistrach geigen sah, mit dem einarmigen Zoowärter von Tiflis Champanskoje und dem Leiter des Sagorsker Priesterseminars Kaffee getrunken habe, nachdem ich die Wahrheitsliebe der ›Prawda‹ nicht weniger anzweifeln lernte als die Segnungen der Planwirtschaft, die Favorisierung aller Bildungsmittel – Schulen, Universitäten, Bibliotheken, Bücher, Schallplatten – nicht weniger bewunderte als das Moskauer Ballett und die Bässe der Staatsoper, nachdem ich meine Überzeugung öffentlich preisgeben, aber dreimal nur mit Mühe den Ankauf meines Regenmantels abwehren konnte, nachdem ... nachdem ... nachdem ...

Nach allen diesen verschiedenen und höchst unterschiedlichen Erfahrungen und Beobachtungen, Eindrücken und Begegnungen will mir scheinen, es gebe für dieses Land, dieses Volk, diesen Staat kein gemäßeres und aufschlußreicheres Symbol als diese zunächst recht einfach aussehende und fast einfältig dreinschauende Holzpuppe.

Und: die Puppen in dieser Puppe.

Good will people unterwegs

Ich hätte nicht angenommen, auf der Reise nach Moskau ausgerechnet die Bekanntschaft mit Mr. Mergenthaler zu machen – aber vielleicht war auch dieser Zufall kein Zufall, sondern eine sinn- und augenfällige Fügung, die mir einmal mehr deutlich machen wollte, daß ein großer Teil der Auseinandersetzungen und Entscheidungen über das Schicksal unseres täglich kleiner scheinenden Erdballes zwischen den beiden jungen Riesen ausgehandelt wird, welche Amerika und Rußland heißen. Denn Mr. Mergenthaler ist Amerikaner, und zwar einer von rund vierzig Yankees, die mit uns auf dem Brüsseler Flugplatz in die bereitstehende viermotorige Düsenmaschine der AEROFLOT kletterten, welche uns auf dem Weg über Amsterdam in die Hauptstadt der Sowjetunion tragen sollte.

Mir ging der spezielle »Charakter« dieser Reisegefährten eigentlich erst in Amsterdam auf. Ich hatte, nach einem Nachtbummel durch Köln in Gesellschaft eines jugoslawischen Kollegen, das erste Abenteuer unserer Reise – den Hubschrauberflug von Köln nach Brüssel – trotz allem Gedröhn sanft verschlafen, und wenn mich dann eine Reisegesellschaft hätte interessieren können – eine amerikanische ganz gewiß nicht. Ich war auf Russen eingestellt, Ukrainer, Usbeken, Georgier, Kalmücken, Mongolen. Aber es gab nur Amerikaner außer uns. Nicht einmal die Besatzung des Flugzeuges kam uns zu Augen – ausgenommen natürlich die beiden Stewardessen.

Möglicherweise hielten die uns auch für Amerikaner. Auf jeden Fall sprachen die freundlichen Genossinnen englisch auf jeden ein, der durch den merkwürdig an eine anatomische Tabustelle erinnernden Touristeneinstieg den eisernen Vogel betrat. Und auf einen fragenden Blick oder die geäußerte Frage nach einem Platz kam die liebenswürdige Auskunft von ihren Lippen:

»Any seat in this saloon!«

Oder auch:

»Any seat you like!«

Später, in Rußland selbst, stellte sich heraus, daß man durchaus nicht immer sitzen konnte, wo man wollte; etliche Male war eine bestimmte Platznummer schon auf dem Flugbillett vermerkt. Aber hier war äußerste Freiheit gewährt. Und die Mienen der Stewardessen leuchteten bei dieser Formel in leise triumphierendem Stolz: Seht ihr's nun, ihr voreingenommenen, übelredenden Yankees und Westler, wie es bei uns zugeht, wie nett wir sind, wie liberal!? *Any seat in this saloon! Any seat you like!*

In diesem fliegenden Salon also saß auch Mr. Mergenthaler, noch unerkannt von mir, und mochte gleich uns die Blicke schweifen lassen über die bei aller technischen Vollkommenheit höchst malerisch anmutende holländische Küstenlandschaft, die mit Kanälen, Flußläufen, Werften und Hafenanlagen, kleinen und größeren Schiffen in der Septembersonne wie im Sonntagsstaat heraufglänzte. Die Maschine flog ruhig – mir wollte scheinen »maschineller« und mit härterer Regelmäßigkeit, steifer, trockener, konsequenter, unbeirrter als unsere westlichen. Ich mißtraute diesem Eindruck zunächst und verdächtigte mich eines beziehungsvollen Kurzschlusses. Aber dieser Eindruck wiederholte sich noch einige Male im Verlauf der kommenden drei Wochen. Vielleicht lag es an der einfacheren Machart im Innern und der bescheideneren Verköstigung, daß sich diese Empfindung immer wieder einstellte; denn der übertriebene Aufwand »westlicher« Luftfahrtgesellschaften macht ja aus dem Flug eine Serie von Schlemmer- und Verdauungsstunden und läßt den Reisenden eher glauben, er sei zu Gast in einem luxuriösen, originellen Restaurant als unterwegs nach fernem Ziele. Hier hatte offenbar der Zweck den Vorrang. Dies war eine »Maschine«.

Es währte nicht viel mehr als eine halbe Stunde, da wurde die Landung angesagt; wir hatten auszusteigen. Und während dieser halbstündigen Wartezeit im Amsterdamer Flughafen trat Mr. Mergenthaler in mein Bewußtsein ein, als er nämlich mit einem anderen Landsmann die Anschriften austauschte. Diese Handlung aber deutete darauf hin, daß die amerikanischen Rußlandfahrer einander nicht samt und sonders kannten, sondern eine mehr oder weniger zusammengewürfelte Gesellschaft darstellten. Was aber vereinte sie, was war ihnen gemein? – Eine große blaue Plakette aus Emaille verriet es, die unterhalb eines Namensschildes jeden Revers zierte und auf der zu lesen stand:

GOOD WILL PEOPLE

Ich las den Namen Mergenthaler, und Mr. Mergenthaler, der meine Aufmerksamkeit wahrnahm und von Naturell her einer jener älteren Amerikaner ist, die ein Maximum an unwiderstehlicher Kontaktfreudigkeit ausstrahlen, nickte freundlich, streckte mir seine Rechte hin, nannte seinen Namen und auch gleich, mit gewissem Stolz, sein Alter dazu – *Seventy three!* – und war meiner Aufmerksamkeit dadurch um so sicherer. Man begegnet an allen möglichen und unmöglichen Orten und Plätzen der Welt so vielen wohlondulierten, reichgeschmückten, leicht spinneten weltreisenden amerikanischen Witwen, die mit aufreizendem Behagen ihr Erbteil genießen, daß man jeden überlebenden Witwer oder Junggesellen von drüben mit spontaner Freude begrüßt.

Während Mr. Mergenthaler nach weiteren landsmännischen Kontakten ausspürte, erstand ich zwei holländische Käse. Wäre ich auf dem Heimweg gewesen, hätte ich mich dabei auf eine feste Gewohnheit berufen können: aus jedem Lande, das für seinen Käse berühmt ist, ein Stück, eine Schachtel oder eine Rolle mitzunehmen. Aber knapp vier Stunden nach der Ausreise aus dem Vaterlande ...?

Böll meinte, es handele sich um einen typischen Angstkauf, und in einem weittragenden und abgewandelten Sinn sollte er recht behalten: der in rotes Wachs gekleidete und darum weniger anrüchige Edamer begleitete uns bis Leningrad und verduftete dort endgültig bei zwei nächtlichen Flaschen Champanskoje, die wir zu dritt vor dem Abflug nach Tiflis auf die Gesundheit des in Leningrad zurückbleibenden Heinrich Böll leerten. –

Als wir aufgerufen wurden, unsere Maschine wieder zu besteigen, konnten wir wahrnehmen, daß nun *»any seat in this saloon«* besetzt war: etwa fünfzig Sowjetmenschen stiegen mit uns zu und veränderten schlagartig Klima und soziale Struktur des Salons.

Eine gedrungene, kräftigere, eine proletarisch-bäuerliche Rasse herrschte jetzt vor. Einige Pykniker entledigten sich sofort der Jacken, forderten in recht unverbindlichem Ton Zeitungen oder Zeitschriften von den Stewardessen und vertieften sich darein. Andere, die möglicherweise von den Freiheiten und Verlockungen des Westens allzu eifrig gekostet hatten, stellten ihre Sitze gleich auf Schlafwinkel und fielen binnen kurzem in erholsamen Schlummer.

So auch mein Nachbar zur Rechten, ein jüngerer Mann mit festen Arbeiterhänden, adrettem Haarschnitt und gebräuntem, gemäßigt slawischem, angenehmem Gesicht, das auch im Schlaf nicht seinen Reiz verlor.

Um zwölf Uhr mitteleuropäischer Zeit starteten wir und

brausten donnernd gen Osten, unerschüttert von irgendwelchen Luftströmungen. Bis Riga etwa hielten wir Kurs über die offene See; dann war nur Festland unter uns.

Dieses Festland, daran war kein Zweifel, gehörte zu jenem Sechstel der Erde, das die Union der Sozialistischen Sowjetrepubliken beherrschte und das von einer Weltanschauung und von politischen Praktiken regiert wurde, die ich für unannehmbar hielt, seit ich ihnen – in der DDR – unmittelbar begegnet war.

Aber: muß ein Deutscher, der vier Staatsformen in vier Jahrzehnten erlebt und die Bewährungsprobe seiner Landsleute unter diesen verschiedenen »Regimen« beobachtet hat, nicht argwöhnen, daß diesem ebenso begabten wie törichten, ebenso redlichen wie maßlosen Volke alles und jedes auf unsere deutsche Art exorbitant mißraten muß: der Faschismus wie der Kommunismus, die Monarchie wie der Liberalismus, der Föderalismus und die schon wieder recht geschundene und waidwunde Demokratie? Muß er nicht die Möglichkeit, ja Wahrscheinlichkeit in jede seiner Rechnungen einsetzen, daß andere es anders machen, anders und vielleicht – besser?

Ein freundliches Geschick hatte mich davor bewahrt, zwanzig Jahre zuvor dieses Land mit Kommißstiefeln betreten zu müssen, das nach den Rezepten eines deutschen Juden aus Trier die Regeneration einer in Eigennutz erstickenden Welt zu betreiben versuchte – seit nun bald sechzig Jahren. In diesen Jahrzehnten hatte die Revolution ihre Kinder zu Hekatomben verschlungen. Aber hatte wirklich die »Revolution« sie verschlungen? War es nicht vielleicht dieser georgische Finsterling gewesen, der die in ihrem Namen erschlichene Herrschaft in ein dreißigjähriges Schreckensregiment ausgeweitet hatte? Nun war dieser Stalin ausgestanden, seine historische und vor allem moralische Rolle entscheidend reduziert. Hunderttausende, die er hatte in Haft halten, verbannen, foltern, töten lassen, waren wieder redlich gesprochen. Ein »bürgerliches« Gesetzbuch war erarbeitet worden, das einige Rechte mehr verbürgte als das, rechtlos wie ein Hund vor die Hunde zu gehen. An die Stelle des permanenten revolutionären Krieges war die These von der »friedlichen Koexistenz« getreten. In der Literatur wagten sich neue Töne hervor. Hatte es nicht sogar schon einmal »Tauwetter« gegeben?

Freilich, freilich. So schnell, wie die Leute des fast ewigen Eises und Frostes ledig sein wollten, ließen es auch die Nachfolger Stalins nicht tauen. Als das Eis gefährlich in Bewegung geriet, gab es bittere Rückschläge. Aber als alle wieder in Reih und Glied gebracht waren, konnte man es wohl wieder ein wenig tauen lassen ... Nicht allzuviel. Man mußte Vorsicht walten lassen.

Wie immer man es motivieren wollte: da schien einiges in Bewegung geraten; man vermeinte es sogar draußen zu spüren. Sollte unser im *Status quo* allmählich erstarrendes Denken darauf nicht seine Aufmerksamkeit lenken? Und wenn wir schon tagtäglich um die Erhaltung dieses Waffenstillstandes, dieses Friedens auf Abruf zitterten – lohnte es da nicht, ein wenig guten Willen zu investieren, anstatt immer nur den Frommen zu spielen, den der böse Nachbar nicht in Frieden leben läßt, und jeden Gedanken an ein mögliches eigenes Versäumnis, eine mögliche eigene Herausforderung auszuschließen? Guter Wille – war das nicht der Preis allen Friedens seit alters her?

Zwei Stunden vor unserer Landung in Scheremetjewo, dem Flughafen für den Auslandsverkehr, erwachte mein Nachbar aus dem Schlaf, und ich versuchte, ihn in ein Gespräch zu ziehen. Aber da er keiner Fremdsprache und ich nicht des Russischen mächtig war, stieß die Verständigung auf erhebliche Schwierigkeiten. Immerhin wurde klar, daß er mit anderen Insassen an einem Motorradrennen bei Garmisch-Partenkirchen teilgenommen und dort einen dritten Platz belegt hatte. Er kam aus Taschkent und reiste auch dorthin zurück.

Wir rauchten eine Zigarette zusammen und erwiesen uns ein paar bescheidene Artigkeiten, als ein kleiner Imbiß serviert wurde. Er verstand, daß ich Po-ätt sei und Delegierter; und einer Delegazija anzugehören, heißt in der Sowjetunion, umfassender Privilegien teilhaftig zu sein. Moskau war voll von Delegationen, die mancher wie Abgesandtschaften des Himmels – Friedensengel gewissermaßen – respektierte. Für den Rennfahrer und Monteur aus Taschkent war ich jedenfalls ein hochzuehrender Gast. Als ich ihm zum Abschied die Hand gab, drückte er sie fest und herzlich. Er gehörte auch ohne Plakette zur Kategorie der gutwilligen Leute. –

Der Tag ging zur Neige. Die bevorstehende Landung, noch ehe sie angesagt war, kündigte sich durch den Höhenverlust der Maschine an. Eine Art Havel-Landschaft wurde unter uns sichtbar, Wald- und Flußlandschaft in herbstlicher Färbung, die durch die letzten Strahlenbündel der sinkenden Sonne noch farbiger aufleuchtete. Vereinzelte kleine Häuser wurden sichtbar; die weißen Stämme der Birken ließen an Finnland denken – unsere Erinnerung schwatzt uns ja immer leise in die neuen Erfahrungen hinein. Aber als die Maschine aufsetzte, wußte ich, daß sie auf russischem Boden, in sowjetischem Machtbereich gelandet war und daß das eigentliche Abenteuer nun begann.

Wir waren zu viert – denn mit Richard Gerlach, Heinrich Böll und mir reiste die Dolmetscherin Inga Meister – und sahen uns von mindestens dem doppelten Aufgebot von sowjetischen Kollegen erwartet und begrüßt, von denen die meisten deutsch sprachen. Sie waren groß und klein, mächtig und schmächtig und im Typ genauso verschieden voneinander wie H. E. Holthusen von Kesten oder Hans Werner Richter von Peter Handke. Auch zwei Damen waren dabei: Frau Romanowa, die zweite Vorsitzende der Auslandskommission des Schriftstellerverbandes der UdSSR, und Ludmila Tschornaja, die Übersetzerin der Böllschen Romane und zu Zeiten des Dritten Reiches von Goebbels die »Hexe im Kreml« getauft – wegen ihrer offenbar gefürchteten deutschsprachigen Gegenkommentare. Aber dies alles und die Namen und Tätigkeiten der einzelnen traten erst später in mein Bewußtsein ein. Jetzt waren sie nichts als »Kollegen«, freundliche und hilfsbereite Leute, die geduldig warteten, bis sich die Formalitäten dem Abschluß genähert hatten, oder durch Fürsprache deren Rhythmus beschleunigten.

Schon schien der Aufbruch nahe – da erinnerte sich unser Senior der sowjetischen Devisenbestimmungen, die vorsehen, daß eingeführte ausländische Valuta vorgewiesen, behördlich notiert und das betreffende Papier bei der Ausreise vorgelegt werden soll. Die sowjetischen Kollegen winkten zwar ab; aber deutsche Gründlichkeit bevorzugte das getroste Schwarz-auf-Weiß. Jeder füllte seinen diesbezüglichen Schein aus, unterschrieb – und dann machte sich die Dolmetscherin auf, die Papiere an den Mann zu bringen, der sie abstempelte. Gospodin Gerlach begleitete sie.

Ich blieb auf dem Fleck, auf dem ich mein Papier aus der Hand gegeben hatte, um der Rückkehr der beiden zu harren, nur drehte ich mich um 180 Grad, weil ich hinter mir die Stimme von Mr. Mergenthaler vernahm, der auf einer der Wartebänke saß und mit zwei anderen älteren Herren das Ende der weitaus umständlicheren Prozedur abwartete, der das vierzig Köpfe zählende Volk des guten Willens unterworfen wurde.

Ich muß ihm erläutern, was wir hier treiben und welche Art

Bücher ich schreibe – und warum soll ich ausgerechnet ihm verschweigen, daß ich zum Beispiel auch eines über eine Reise durch die Staaten geschrieben habe? – und dann, wie etwa die Reiseroute verlief *and so on* und so weiter. Es ist ja ein tröstliches Gefühl, in einem fremden Lande, dessen Sprache man nicht spricht, mit wildfremden Menschen ein Gespräch führen zu können. Möglicherweise tröstet es auch Mr. Mergenthaler ein wenig. Aber wahrscheinlich irre ich da.

Es waren darüber vielleicht acht, vielleicht auch zehn Minuten verstrichen, und ich hielt Ausschau nach den beiden Landsleuten: die »Meisterin« ist fast 1,80 Meter groß, auffallend blond, trägt eine dunkle Hornbrille, und der Tier- und Menschenfreund Gerlach mit dem weißen Haar, den roten Bäckchen und der stattlichen Taillenerweiterung konnte sich auch nicht so leicht verstecken.

Aber ich kann sie nicht entdecken. Vermutlich sind sie aufgehalten worden und noch in irgendeinem Büro, und die anderen gingen derweilen wohl ins Freie.

Ich warte also weitere fünf Minuten; Mr. Mergenthaler wird mir Gesellschaft leisten; seine Plakette verpflichtet ihn dazu. Aber insgeheim steigen in mir Zweifel am *good will* des Sowjetischen Schriftstellerverbandes auf; desgleichen an der Berufung unserer Dolmetscherin, der ich unversehens mütterliche Pflichten zudiktiere. Und nachdem weitere fünf Minuten verstrichen sind, bin ich sicher, daß sie allesamt – Sowjets wie Bundesrepublikaner – in flotter Fahrt nach Moskau unterwegs sind. Sie sind mit drei oder vier Wagen gefahren, und alle haben gedacht – soweit sie gedacht haben –, ich säße wohl im anderen Wagen . . . Ich gestand Mr. Mergenthaler diesen endgültigen Verdacht, und der riet kurzerhand, mit einer Taxe hinterdrein zu brausen. Aber da ich keine Ahnung hatte, in welchem Hotel wir wohnten, war das ein sinnloser Rat. Darüber begann mir auch der gute Wille dieser Reisegesellschaft fragwürdig zu werden, zumal sich manche ihrer Mitglieder für mein Gefühl recht undiplomatisch, beinahe arrogant bei der nun einmal unvermeidlichen Zollkontrolle aufführten.

Sie hatten allerlei bei sich, das nicht nur dem Zollbeamten, der sachlich und seinen Unmut beherrschend arbeitete, Rätsel aufgab. Zum Beispiel führte der eine Amerikaner eine größere Schachtel mit dünnen Tonröhren bei sich. Verständlich machen konnte man sich nicht. Aber der Zollmensch wollte Sinn und Charakter dieser »Einfuhr« erfahren.

Schließlich holte der Amerikaner aus einem anderen Gepäckstück einen zweiten Karton, der eine Art Eierbecher zu enthalten schien, und der Russe, um nichts schlauer geworden, begehrte ernstlich zu wissen, was das denn nun für Dinger seien.

Da steckte der Befragte triumphierend die Röhre in den Eierbecher, und da war das Ganze eine Tonpfeife. Und dreißig der vierzig Yankees wieherten wie die Lausejungen über diesen Scherz. Auf ähnliche Art gestalteten sie die dadurch um so mühsamer fortschreitende Untersuchung zu einem billigen Sketch, der den Sowjetmenschen vom Zoll innen und außen verletzen mußte. Was nützt, dachte ich bei mir, aller plakatierter guter Wille, wenn die Talente fehlen ...

Aber ich hatte meine eigenen Sorgen und pirschte mich schließlich schüchtern an eine Russin heran, die offensichtlich als Dolmetscherin und Helferin der Flugbehörde Dienst tat. Sie erwies sich als äußerst beschäftigt und – zunächst wenigstens – keineswegs liebenswürdig. Nach fünf Minuten jedoch erschien sie wieder und ließ sich meinen Kummer beichten. »*You are like a little boy who has lost his mother's hand ...*«, meinte sie belustigt, führte mich zunächst an einen Wechselschalter (der offizielle Kurs berechnete den Rubel mit 4,45 DM) und dann in das kleine Flughafen-Restaurant, in dem ich mir zwei Gläser einer wohlschmeckenden Limonade erstand, die einer jener gläsernen Rieselkisten entnommen wurde, wie sie bei uns in den Bahnhofskiosken der größeren Städte gang und gäbe sind. Das gibt es hier also auch, dachte ich anerkennend.

Da saß ich denn nun, bestellt und abgeholt und am Ende doch nicht abgeholt, und malte mir aus, was denn wohl wäre, wenn ich jetzt meinen Mantel zuknöpfen und davongehen würde, ohne jemandem zu verraten, ja ohne selbst zu wissen, wohin. Einige Rubel hatte ich in der Tasche und – außer deutschem Geld – noch dreißig Dollars, die hier gewiß einen Liebhaber finden würden, wenn das not täte. Paß und Visum waren in Ordnung. Irgendein Bus würde vom Flughafen in die Stadt hinein fahren, und dann begänne das Abenteuer.

Wem würde ich in die Hände fallen? Da ich in einem sogenannten Polizeistaat war, vielleicht sofort der Polizei? Dann wäre das Abenteuer schon vorbei. Aber das müßte nicht sein. Vielleicht stieße ich auf einige Studenten, und wir würden miteinander essen und trinken oder auf irgendeines »Bude« gehen und in irgendeiner Sprache über Gott und die geteilte Welt reden, und am Ende schliefe ich auf irgendeiner Couch oder einem alten Wachstuchsofa und trollte mich am anderen Morgen. Oder ein Mädchen – kein leichtes, denn so etwas gab es hier in Moskau ja nicht –, ein gutmütiges und gerade verlassenes, griffe mich auf, und wir gingen stundenlang durch das nächtliche Moskau. Vielleicht würde es gerade eine helle Nacht (weil ich mich bei diesem Gedankengang an Dostojewskijs ›Helle Nächte‹ erinnerte) und am Ende doch eine kleine Liebesgeschichte geben, eine ganz verhaltene und harmlose, mit Händedrücken und Stirnkuß. Und zu guter Letzt käme dann vielleicht doch ein Genosse Polizist und nähme mich in Gewahrsam ...

Wie immer es ausgehen würde – schlecht konnte es eigentlich kaum ausgehen. In Rußland herrschte jetzt Ordnung. Und ob ich nun dies oder das erleben würde, *eines* würde sich auf jeden Fall und zu meinem ingrimmigen Vergnügen ereignen: ich würde vermißt werden. Ein Schriftsteller ist kein gewöhnlicher Mensch, den man – wie zum Beispiel in Besatzungszeiten – ersetzen kann, wenn er verlorenging, indem man einfach einen Vorübergehenden kurzerhand aufgreift und mit ihm die gebuchte oder vorgeschriebene Zahl wieder auffüllt. Man muß diesen nur einmal existierenden Vermißten wieder beibringen, und zwar lebendig. Sonst gibt es ein Aufsehen und Demarchen und Noten und Ansprüche und abträgliche Kommentare. Eine wirklich verteufelte Situation, in die man da geraten ist ... wie wird man sie meistern?

»Poshaluista!« sagt die gerade wiederkehrende russische Helferin, nun die Liebenswürdigkeit in Person, und gibt mir einen Zettel in die Hand, den ich nicht lesen kann. Es sei angerufen worden, soeben. Man bedauere und bitte um Entschuldigung. Ich möge mich in ein Taxi setzen und ins Hotel fahren lassen. Sie werde mir behilflich sein.

Sie geleitet mich an ein Taxi, und weil ich sie habe rauchen sehen, bitte ich sie, ein Päckchen belgischer Zigaretten anzunehmen. Oh, das findet sie reizend, zumal sie leider zuviel raucht. Und wohin *ich* denn führe? »Peking!« sagt sie laut und vernehmlich, wirft – *attention please!* – den Schlag zu, winkt kurz und enteilt.

Der Fahrer läßt den Motor an, und wir fahren los. Er ist schweigsam; das macht, weil er nur Russisch spricht und sonst kein einziges Fremdwort, wie ich rasch herausbekomme. Er wird mich also keinesfalls nach China fahren können, obwohl ich meine, eindeutig »Peking« verstanden zu haben.

»Peking?« frage ich.

»Da, da. Pekin.«

Eine halbe Stunde später werde ich zum zweiten Male vom Löwen (Lew) Kopelew empfangen, in der Vorhalle des Hotels »Peking«, und in den Speisesaal geführt, eine Art chinesisches »Café Vaterland« mit allen Draperien, zu denen der Name verpflichtet, mit dreisprachiger Speisekarte und doppelter Küche – russischer wie chinesischer –, mit einer Bühne, die ein fleißig und gut, aber nicht zu ausschweifend westlich jazzendes Orchester bevölkert, mit weißgedeckten Tischen und speisenden oder tanzenden Paaren, mit sachlich arbeitenden, weißbejackten Kellnern, die akkurat bedienen und schließlich bringen, was bestellt worden ist, von uns und den vorsorglichen schriftstellerischen Gastgebern: Sauerbrunnen und Limonade, Bier und Wein, zur Einführung eine Art Hors d'œvre und – natürlich – Kaviar, eine gute Fleischsuppe und ein Hauptgericht. Für mich ein Rebhühnchen zum Preise von ein Rubel siebzig Kopeken – was nicht teurer als in Freiburg oder München ist, wenn man offiziellen Kurs rechnet, aber recht preiswert sogar, wenn man die inländische Kaufkraft des Rubels ansetzt.

Aber ich denke gar nicht in Rubeln an diesem ersten Moskauer Abend (ich bin ohnehin Gast), sondern freue mich des gedeckten Tisches, des annehmbaren Weines, des vom besten Willen des Kochs zeugenden Rebhuhns, der freundlichen Kollegen, der speisenden und tanzenden Russen. Das kleine Purgatorium auf dem Flughafen hat mich dankbar gestimmt.

Mein »Abenteuer« habe ich zwar versäumt. Aber selbst im glücklichsten Fall hätte ich nicht auf so gefällige und entgegenkommende Menschen, auf so freundliche und anregende Umstände treffen können.

Und am Ende komme ich sogar doch noch zu einer mondbeschienenen Moskwa, wenn auch in ausschließlich männlicher Gesellschaft. Kopelew und der uns zugedachte Reisemarschall Steshenskij fahren mit Böll und mir noch hinauf zur Lomonossow-Universität, von deren Vorplatz aus man einen ergiebigen Blick über die Stadt nehmen kann.

Jetzt lag sie fast im Dunkel. Unter uns nahm der Fluß, der hier eine fast geometrische Kurve zieht, seinen lautlosen Weg. Zur Rechten ragte eine riesige Sprungschanze gegen den mitternächtlichen Himmel.

»Sie sind in Moskau . . .« sagte Kopelew und legte leicht seine Hand auf meine Schulter.

Der liebe Gott ist sterbenskrank

An einem wunderschönen Oktobertag, dem einzigen, an dem die Sonne sich vom Morgen bis zum späten Nachmittag am blaßblauen Himmel behauptete, fuhren wir nach Sagorsk, das etwa anderthalb Fahrstunden nordöstlich von Moskau liegt und eine der spärlichen Oasen christlicher Gottgläubigkeit ist, die der Sowjetkommunismus in der schier endlosen Wüste der Gottlosigkeit duldet. Das Land lag im späten Herbst. Weiden wechselten mit lichten Waldungen, die noch gilbendes Laub trugen, und nach den Wolkenkratzern und Zementburgen, die das Gesicht des modernen Moskau bestimmen und, überall an seinen Rändern neu aufschießend, mit neuen Zügen versehen, muteten die Holzhäuschen der wenigen an der Straße liegenden Dörfer beinahe wie Antiquitäten an, Überbleibsel abgelebter Epochen – man glaubte, in die Zeiten Ljeskows oder Tolstois zurückversetzt zu sein.

Was weiß man denn auch von Rußland, wenn man einige riesige Städte kennt? New York ist nicht Amerika, Paris nicht Frankreich. Wieso sollte es mit der Sowjetunion anders sein? War nicht schon die Stadt Tula, die wir zwei Tage zuvor auf der Fahrt nach Jasnaja Poljana passiert hatten, ein recht kümmerliches Nest gewesen, mit aufgerissenen oder verschlammten Straßen, tristen Häuserfronten und recht bescheidenen Staatsläden? Es regnete monoton vom grauen Himmel, und auf der mehr als einhundertfünfzig Kilometer langen Anfahrt, während der wir etliche Städte und Städtchen durchfahren hatten, war es nicht möglich gewesen, eine einzige Kirche aufzutreiben, in der Genrich, der »praktizierende Katholik«, seiner Sonntagspflicht hätte genügen können.

Einige wenige hatten unser Gesichtsfeld gekreuzt. Die eine schien mir zerstört und nicht wiederhergestellt. Eine andere »arbeitete« nicht, wie unser Reisemarschall sich ausdrückte. Eine dritte schien anderen Zwecken zu dienen; der Eingang war vermauert. Das Vorhaben jedenfalls, »irgendwo rasch noch einer stillen Messe beizuwohnen«, scheiterte in Ermangelung der Gelegenheit. Hätten wir nicht in Jasnaja Poljana dann die Scharen der zu Tolstois Grab wallfahrenden Russen erlebt – es wäre im äußersten Sinn dieses Wortes ein wahrhaft gottverlassener Sonntag gewesen.

Aber nun schien die Sonne, und in Sagorsk seien, wie uns angekündigt worden war, etliche Kirchen beinahe Tag und Nacht »in Betrieb«. Schöne Kirchen, berühmte Kirchen, ein Kloster sogar, ein Priesterseminar – wir würden staunen.

Wir kamen in Sagorsk an – unser Fahrzeug hatte als erstes das Ziel erreicht – und hatten noch den zweiten Wagen abzuwarten, in welchem Böll, der russische Schriftsteller Melnikow (der gerade ein Buch über den 20. Juli beendet hatte) und seine Frau Ludmila Tschornaja saßen. Dennoch sahen wir uns schon erwartet.

Vor dem Portal, durch das man in den von hohen, dicken Mauern umzirkten kirchlichen und – wie sich herausstellen sollte –, vorwiegend musealen Bereich eintreten mußte, stand ein junges, blondes, einfach gekleidetes Mädchen, das sich freundlich lächelnd als Natascha vorstellte. Sie gab jedem von uns die Hand, auch denen, die nach uns kamen, und jeder mochte meinen, sie wäre eine Bekannte des anderen. Sie ging mit uns in die Kirche, in das Museum, zum Empfang ins Priesterseminar; sie saß stumm und lächelnd an der Kaffeetafel, quetschte sich hernach bescheiden in einen der Wagen bei der Rückfahrt und gehörte in allen uns noch verbleibenden Moskauer Tagen unauffällig und geheimnisvoll zu uns wie das Lächeln zur Gioconda. Sie verdient ein Kapitelchen für sich.

Schließlich waren wir alle beisammen und gingen durch das große Tor, hinter dem uns eine andere, eine neue – oder vielmehr eine alte, versunkene, gläsern und unwirklich anmutende Welt erwartete. Der Unterschied zu der, aus der wir kamen, war so kraß, so bedrängend – es verschlug einem fast den Atem. Die Wege, die Gebäude, der Rasen, selbst die Bäume – alles verriet sorgsamste Pflege, geradezu Wohlstand. Man glaubte sich in ein Märchen verzaubert oder in ein kleines Fürstentum versetzt. Eine nie erwartete Sauberkeit, ja Erlesenheit empfing uns. Friedhöfe sind so weltentlegen, Museen so abgeschirmt.

Gleich zur Linken befand sich ein kirchlicher Bau, vielleicht einst Teilstück eines größeren sakralen Gebäudes, vielleicht auch eine selbständige kleine Nebenkirche – auf so weiträumigem klösterlich-ekklesiastischem Gelände finden sich mancherlei Abwandlungen von Gotteshäusern, bis hin zur Laubhütte.

Gesang war zu vernehmen, Wechselgesang; wir traten ein. Eine Kirche, die »arbeitete«, die erste – welche Sensation. Zudem an einem Wochentag. Später, in Leningrad, in der Alexander-Newskij-Kathedrale, sollte uns der Zufall in einen Gottesdienst führen, der sich kaum von einem solchen in Athen oder Konstantinopel unterscheiden mochte. Die Gläubigen sahen aus wie überall in der Welt: wenige Junge, sehr viele Frauen, aber nicht nur alte; und Männer, zum Teil mittleren Alters. Es war eine Gemeinde, wenn auch möglicherweise eine der wenigen, die in der Millionenstadt Leningrad und in ihrer näheren Umgebung noch anzutreffen waren. Aber hier in Sagorsk sah man nur Frauen, ältliche, alte und ganz alte, die grauen Gesichter ins graue oder doch dunkle Kopftuch gefaltet, in grauen oder braunen Röcken vergraben, mit Filzstiefeln an den Füßen, geschlechtslose Wesen schon, vom Leben abgeschrieben und dem Tode schon zugesprochen – und sie standen oder knieten im Kreis um einen Popen, der aus monoton-selbstsicherer, herausfordernder Kehle einen Text sang, den er aus einem großen Folianten ablas, und sie antworteten ihm mit ihren dünnen, glanz- und kraftlosen, leicht plärrenden Stimmen; es klang wie selbstvergessenes, unstillbares Weinen, und das Herz krampfte sich zusammen bei ihrem Anblick und ihrem Gegrein, das zwar fortfuhr, als der Pope, von einem anderen Popen angesprochen, seine Partie zwei- oder dreimal ausließ, sich aber dann hilflos verhedderte und zu ersterben drohte, so daß der geistliche Vorsänger lehrerhaft und mit trompetendem Knödelton wieder einfiel und den klagenden Singsang wieder ins verläßliche Bett musikalischen Taktes lenkte. Ihr stimmloses Weinen und sein fühlloses Tönen machten erschauern.

Und draußen schien wieder die Sonne vom blaßblauen Himmel, und wir gingen schweigsam weiter; eine Tür tat sich uns auf – es war eine Vergünstigung, daß es geschah –, und wir betrachteten eine museale Ausstellung von kirchlichen Schätzen. Es waren Dokumente, Handschriften, biblische und kirchliche Texte aus vergangener Zeit, aber auch Gefäße, Geräte, Gewandungen, wie sie jeden Tag in allen Kirchen der Welt im Gebrauch sind. Dazu eine Reihe von Ikonen – ich sah zwei, die von Giotto oder Fra Angelico hätten stammen können: eine »Kreuzauffindung« und »Die drei Engel des Abraham«. Aber niemand kennt die oder den mönchischen Künstler, der sein Gemisch aus Gold und Quecksilber auf den hölzernen Grund geblasen und vielleicht nur einmal eine Darstellung von so überirdischer Schönheit zustande gebracht hat.

Ich kehrte einige Male zurück, diese Ikonen zu betrachten, und die »Hexe aus dem Kreml« hatte es längst wahrgenommen, daß ich da meinen eigenen Gedanken nachhing.

»Schön ist das, nicht wahr?« sagte sie lächelnd. »Oh, Sie müßten zu *uns* kommen. Ich kann Ihnen Ikonen zeigen in Moskau – die Augen gehen Ihnen über.« Eine warme Begeisterung lag auf dem Grunde ihres Blickes. Aber es war vielleicht eine Begeisterung, wie man sie angesichts des Aphaia-Tempels auf Aegina empfinden kann, wo das Alte unvergänglich im Lichte steht. Für mich war dies alles von Katakombenluft umwittert.

Als wir das »Museum« verließen, war es gegen zwei Uhr mittags. Auf den Bänken saßen die grauen Weiblein wie ausgediente Gnomen und verzehrten hier und dort einen mitgeführten Imbiß. Dohlen und Tauben kreisten am Himmel, und die Lärchenbäume hielten ihre vergilbten Nadeln ins Licht. Zuweilen fuhr ein sachter Windstoß in ihre Zweige und löste einen zögernden, sanften Nadelfall aus: es war, als stäubte Gold in der Luft. Eine unendliche Wehmut überglänzte den Tag, eine funkelnde, das Herz stechende Trauer.

Während wir eine Art Refektorium besichtigten, hieß es, der Leiter des Priesterseminars habe von unserem Besuch gehört und sei bereit, uns zu empfangen; auch ein bescheidenes Mahl warte auf uns. Im Hintergrund nahm ich einen vielleicht fünfunddreißigjährigen geistlichen Abgesandten wahr, der uns ins Seminar geleiten sollte, einen zurückhaltenden, elfenbeinhäutigen, etwas jüdisch aussehenden Mann, der sehr sorgfältig gekleidet war. Ich hätte in ihm eher einen jungen Rabbi als einen Popen vermutet.

Ich sprach ihn an – das Englische schlug die Brücke – und ließ mir einige Zahlen nennen. Etwa zweihundert Studenten studierten hier Theologie und bereiteten sich auf den Priesterberuf vor. Und wenn ich mich recht erinnere, wohnten etwa achtzig Mönche hinter den Mauern des Klostergebäudes. Ob es noch andere solcher Plätze und Seminare in der Sowjetunion gebe, frage ich.

Noch einige.

Größere oder kleinere?

Ähnliche.

Ich verschonte ihn mit weiteren Fragen.

Der Direktor des Seminars, zu dem wir geführt wurden, mochte fünfundsechzig Jahre alt sein – er berichtete später, daß er hier, in Sagorsk, vor vierzig Jahren Theologiestudent gewesen sei, auf dem gleichen Seminar, dem er nun vorstehen dürfe. Er empfing uns stehend und mit einer kleinen Ansprache in einer Art Konferenzzimmer, das – wie alle Flure und Räume, die wir auf dem Wege zu und von ihm passierten – von jener betulich gebohnerten altjüngferlichen Makellosigkeit war, wie man sie von katholischen Pfarrhäusern her kennt. Er trug eine randlose Brille, durch welche blaue, etwas wässerige Augen auf uns blickten, und hatte gelichtetes aschblondes Haar, das nur im Nacken noch voller war und dort auch wohlfrisiert abstand.

Nachdem wir seine kleine Begrüßungsansprache angehört hatten, wurden wir gebeten, an dem länglichen Konferenztisch Platz zu nehmen. Wie es hieß, sei der Seminardirektor jetzt bereit, etwaige Fragen zu beantworten.

Er wäre bereit, sollte es wohl genauer heißen; denn es stellte sich heraus, daß er es nicht war, oder zumindest, daß er etwaige Fragen im vorhinein zu vermeiden trachtete, indem er sofort – in einer Mischung von Leutseligkeit und Zuvorkommenheit – das Wort ergriff und über das Seminar zu sprechen begann, über seine Studenten, die hier Ausbildung und Vorbereitung auf ihren Beruf fänden, die Sprachen, die man sie lehre, die Fächer, die man besonders pflege, ihre Anzahl, den Tagesablauf – und weil ihm der Umstand, daß unser Reisemarschall und Dolmetscher Steshenskij jeden gesprochenen Satz in sein stets treffsicheres und zugleich doch operettenhaft russisches Deutsch übertragen mußte, genügend Zeit ließ, sich auf jeden zu sprechenden hinreichend zu konzentrieren, und weil er darüber hinaus offensichtlich von seiner Natur her ein mit unerschöpflicher Suada begabter Herr war, spann er Faden um Faden, kreuzte und verknüpfte, und wie die Spinne am eigenen Faden hängt, so hing er schließlich an dem Faden, den er spann, nicht mehr Schöpfer, sondern Geschöpf – und am Ende vielleicht gar gefangenes Opfer des Netzes, das er unaufhörlich und unverdrossen wob ...? Gott bewahre! Er verfing sich nicht, und er fing freilich auch niemanden; wollte vermutlich auch niemanden fangen in diesem leise und geduldig gewobenen rhetorischen Netz, dessen gefällige, aber gestaltlose Struktur zunächst wohlwollende Aufmerksamkeit, dann aufsteigendes Bedenken, zunehmendes Befremden und schließlich Trauer und Widerwillen weckte und das nicht gewoben war, um andere zu fangen, sondern zu eigenem Schutz – als eine Art Tarnnetz gewissermaßen.

Er saß allein in der Mitte der einen Längsseite; wir anderen verteilten uns über die Gegenseite. Steshenskij saß an der äußersten Linken und dolmetschte, anscheinend unbeteiligt und der Sache ergeben, aber – wie *mir* scheinen wollte – mit Behagen.

»Kirche gett gutt«, hatte er ein paar Tage zuvor auf eine

diesbezügliche Frage geantwortet. »Läbt von Spänden von Gläubigen und värdient viel Gäld.«

Es war kein Zweifel, daß er nicht zu den Spendern zählte. Er schien mir ein Freigeist von Natur; Kirche und Popen lagen außerhalb seines Interesses und seiner Wertskala. Was ihn nicht hinderte, den Katholiken Heinrich Böll zu bewundern und seine Bücher zu lieben. (Um seinetwillen hatte er sich um die Rolle des Reisemarschalls beworben.) Aber der Schwanengesang dieses Kirchenmannes – ich mußte an Carl Orffs ›Carmina burana‹ denken und die köstliche Arie des gebratenen Schwanes ›Olim lacus colueram‹ – mußte wie ein Sommerregen über seine verleugnete Seele gehen. Hört ihn doch, wie schön er singt! – so mochte er denken. Kann einer ein schöneres Lob des Bolschewismus singen? Hört nur, hört! Was wird er jetzt Vorteilhaftes zu sagen wissen?

Daß die reinliche Scheidung von Staat und Kirche auch der Kirche bedeutende Vorteile bringe. Sie bewahre sie vor abwegigem, der christlichen Urlehre widersprechendem Machtstreben, vor politischen und allzu irdischen Ambitionen.

Daß man die Religion und die Tröstungen der Kirche nicht wie eine tägliche Freisuppe ausgebe, das mache sie kostbar und erziehe diejenigen, die sich von der Kirche angezogen fühlten, zu wissenden und bekenntnisfreudigen Christen.

Daß die Kirche im sozialistischen Staat einer ernsten Selbstprüfung ausgeliefert sei, das könne zu ihrer Gesundung an Haupt und Gliedern beitragen.

Daß man die Kirche nicht wie eine staatliche Institution besolde, sondern sie dem Opfersinn der Gläubigen anvertraue, das mache sie frei und bewahre sie auch vor staatlicher Einflußnahme. Und nicht nur dies: es erhalte sie auch in echter Nähe zu den Gläubigen, in jener gesellschaftlichen Nähe und Verbundenheit, welche die alte Kirche leider oft habe vermissen lassen und auf die mit Nachdruck hingewiesen zu haben das unbestreitbare Verdienst des sowjetischen Staates sei. Es liege ja vieles im argen auf dieser Welt, das weder im Namen der Kirche noch nach sittlichen Gesetzen gutgeheißen werden könne.

Und so weiter und so fort ...

Wahr gesprochen, wahr gesprochen – hätte man vielleicht bewundernd in sich hineingeflüstert, würde ein abendländischer Kirchenfürst so tiefschürfende, erbarmungslose Gewissenserforschung betrieben, solche Analyse kirchlicher und religiöser Situation gegeben haben. Aber an diesem Ort, zu dieser

Stunde, in dieser Runde klang es kastratisch, auf eine niederschmetternde Weise gefällig, ja opportunistisch. Und daß dies alles nicht mit falschem und sich dadurch selbst ironisierendem Pathos vorgetragen wurde, sondern wie wohlmeinende, von Einsicht und Erkenntnis getragene Überzeugung, hinter der – vielleicht ungewußt und kaum noch erlitten – eine vier Jahrzehnte lange Entwöhnung von Freiheit und Persönlichkeit stand, machte alles nur noch trauriger. Der Diener Gottes und der Kirche redete und redete, seine Bäckchen röteten sich mehr und mehr, seine Augen gewannen an Farbe, und seine Gesten wurden zuweilen so lebhaft, daß der silberne Kruzifixus an seinem Hals gelegentlich einen erschreckten Hopser machte, ehe er sich, gewissermaßen kopfschüttelnd, wieder auf der Brust des Kirchenmannes eingewöhnt hatte, in welcher ganz gewiß zwei Seelen wohnten, wenn auch die eine sich damit abgefunden hatte, der anderen nicht mehr ins gesprochene Wort fallen zu dürfen ...

Schließlich verstummte der Redselige doch für einen Augenblick. Er hatte alle Fragen beantwortet, die nach seiner Meinung gestellt werden konnten. Wer würde die Taktlosigkeit begehen, wirklich noch eine Frage zu stellen?

Der Seminardirektor blickte uns – wenigstens uns Bundesrepublikaner – prüfend an.

Ob noch jemand eine Frage habe?

»Wie hoch er – etwa – die Zahl der gläubigen Christen in der Sowjetunion gegenwärtig schätze? So ungefähr wenigstens ...« tönte es in unverfälschtem, konziliantem Kölsch freundlich, aber unüberhörbar in den Raum.

Ich rechnete mit einer nachdenklichen oder gar verlegenen Pause. Denn wiewohl Steshenskij kaum in den Verdacht genommen werden konnte, ein Spitzel oder gar ein Denunziant zu sein: diese Frage war ebenso heikel, wie die Antwort vage sein mußte. Selbst wenn die Kirche aus empfangenen Spenden Schlüsse auf die Zahl der ihr ergebenen Gläubigen hätte ziehen können – würde man solche Schätzung je preisgeben?

Aber die Pause währte kürzer als mein Gedankengang. Die Antwort kam sofort und ohne Zögern:

Wie überall im Leben, so lautete sie etwa, wohne das Schwergewicht auch in dieser Sache nicht in der Quantität, sondern in der Qualität. Das eben sei der eindeutige, wenn auch nicht näher zu beziffernde Vorteil der russischen Kirche, daß sie keine lauen Mitläufer habe, die zwar statistisch eine gute Figur machten und der allerchristlichsten Bilanz in anderen Ländern ein so vorteilhaftes Gesicht verliehen, sondern nicht zu zählende, aber überzeugte und opferfreudige *Gläubige*! Was heiße das denn überhaupt: Gläubige?! Wie könne man sie zählen und abwägen?! Eins, zwei, drei, vier, fünf ...? Nein, nein. So einfach sei das denn nun doch nicht. Da müsse er uns eine Geschichte erzählen, die augenblicks deutlich machen werde, wie es um die Zählbarkeit der Gläubigen in dieser Welt stehe. Und im Vorgenuß dieser Geschichte rieb er emsig die Handballen gegeneinander.

Sei er doch vor einiger Zeit – das Jahr spiele keine Rolle dabei – in Konstantinopel gewesen zu einer Zusammenkunft von orthodoxen Kirchenfürsten, und da sei ihm folgendes widerfahren:

Er habe den Frühgottesdienst besucht und dann beim Frühstück in seinem Hotel gesessen, als der Archimandrit von ... – nun, das solle des Taktes wegen nicht genauer bestimmt sein – hereingekommen sei und sich gleichfalls zum Frühstück niedergelassen habe. Er – der Seminardirektor – habe sich in der Meinung befunden, daß der Archimandrit ebenfalls den Frühgottesdienst besucht habe. Aber im Gespräch sei plötzlich offenkundig geworden, daß der Archimandrit die Zeit verschlafen und überhaupt den Gottesdienst versäumt habe.

»Ein Archimandrit! Stellen Sie sich vor, der den Sonntag nicht heiligt! Ein Vorbild und Seelenhirt der Gläubigen! Bei allen Erleichterungen, die uns die Kirche auf Reisen zugesteht – ein solches Versäumnis ist nicht mehr entschuldbar. Ich frage Sie aber: Wenn das nun am grünen Holze geschieht ...?«

Die Frage schwebte eine Weile im Raume und dann genau auf den jüdisch aussehenden Theologen zu, der unbemerkt eingetreten war und zu melden wußte, daß die Kaffeetafel gerichtet sei.

Der Lenker aller Sagorsker Theologen erhob sich und lud uns freundlichst zu einem bescheidenen Imbiß, und wir erhoben uns gleichfalls und strebten dem Ausgang zu.

Ich richtete es so ein, daß ich mit unserem Reisemarschall Steshenskij an der Tür zusammentraf.

»Kirche geht gut!« sagte ich leise zu ihm.

»Nicht wahr!« lächelte er belustigt zurück. »Gett sogar wunderbar, wie Sie sähn. Hätte ich nicht geglaubt ...«

Unter dem Pantöffelchen der Natascha

Ich kann nicht sagen, ob Goethe der jungen Geliebten Faustens den Namen Gretchen gab, weil dieser vor anderthalb Jahrhunderten schon als typisch deutscher Mädchenname empfunden wurde, oder ob durch Goethes Gretchen bei uns und in aller Welt erst die Vorstellung erweckt wurde, dieser Name sei untrennbar mit deutschem Wesen verbunden. Ich weiß nur mit Sicherheit, daß die Namen, welche die Dichter aller Völker ihren schönen Heldinnen geben, für alle, die deren Geschichte bewegten Herzens nachlesen, zu zärtlichen Symbolgestalten werden, in denen vor allem der Fremde die Frauenwelt eines Landes am idealsten und liebenswertesten verkörpert sieht.

Wen umweht nicht ein Hauch aus Italiens blühenden Zitronengärten, wer sieht nicht im grünen Laub die Goldorangen glühn, wenn er die Namen Guilia oder Francesca vernimmt oder den der zierlichen Mignon? Louise Labé kommt im *pas de deux* mit Luise Millerin daher, die Dichterin selbst mit dem Geschöpf eines Dichters. Hesses schöne weiße Elisabeth hat ihr dunkelhaariges Gegenbild in der gleichnamigen Barrett-Browning, der von übermächtigem Leiden durch mächtigere Liebe geheilten englischen Poetin. Kann man den Namen Mary Anne hören, ohne an ihren Sänger Barnes, den Namen Lenore, ohne an Edgar Allan Poe und des Raben düsteres *»Nevermore«* erinnert zu werden? Und »bringt der Ost mir frohe Kunde ...«, ohne daß ich Suleikas gedächte?

Und so hat auch Natascha unzählige Schwestern und Basen gleichen Namens in den Städten und Weiten Rußlands und steht doch für viele von uns, die einmal ihren Tolstoi gelesen haben, immer wieder in der Mädchengestalt der Natascha aus ›Krieg und Frieden‹ vor unseren Augen auf, und für mehr noch gewiß in der zierlichen Figur der Audrey Hepburn, die uns vor etlichen Jahren als Natascha in dem amerikanischen Monstrefilm entgegentrat. (Der erste Teil hatte durchaus Proportion und Qualität; der zweite war dafür total mißglückt.) Warum sollten wir unsere Geliebten und Heldinnen nicht einmal leibhaftig oder doch bildhaft vor uns sehen wollen? Unsere Großeltern ergötzten sich an theatralischen Drucken; wir sind süchtig nach der flimmernden Leinwand und dem wabernden Bildschirm. Gestellt bleibt gestellt, ob unbewegt oder bewegt, schwarzweiß oder farbig. Die Wirklichkeit widerspricht zumeist unseren Vorstellungen und Erwartungen.

Natascha zum Beispiel, wie sie da etwa auf dem höchsten Punkt des weit anlaufenden Platzes von Sagorsk steht, auf dem in früheren Zeiten Buden und Stände für die unzähligen Wallfahrer aufgebaut sein mochten, auf unser Eintreffen wartend (und selbst von niemandem erwartet), ist weder dunkeläugig und schwarzhaarig noch gertenschlank, sondern weizenblond, blauäugig, ein ganz klein wenig sommersprossig – aber man sieht es eigentlich kaum – und eher etwas mollig als schlank. Sie trägt sogar eine Hornbrille, aus sehr hellem Horn allerdings, und ein schwarzes Kleid, das aus dem aufgeknöpften Mantel hervorsieht, der auch von irgendeiner so dunklen, wenig leuchtenden Färbung ist, daß ich ihn gar nicht mehr sehe. Ich sehe nur die hellen, in der Sonne leicht blinzelnden Augen, die ebenmäßig abgerundete Gestalt; und weil sie uns die Hand gibt, nehmen wir sie, und ich denke: das ist vielleicht ein junges Mädchen aus Sagorsk, das uns führen wird. Aber das stellt sich bald als irrige Annahme heraus; führen wird uns ein kleines, vergilbtes, fest verpacktes, von der Männerwelt gewiß gänzlich übersehenes Wesen, das über der Oberlippe schon ansehnlichen Flaum angesetzt hat, eine drollige Baskenmütze, derbe Schuhe und einen sackartigen Mantel trägt und so gar nicht in diesen schönen Tag, aber so ganz in die wehmütig beschlagene Atmosphäre dieses kirchlichen Reliquiendaseins von Sagorsk paßt. Dabei mag sie kaum zehn Jahre älter sein als die vielleicht einundzwanzig- oder zweiundzwanzigjährige Natascha, die sich uns anschließt, als sei das alles so abgemacht, immer ein wenig lächelnd, aber auf Gioconda-Art – man weiß gar nicht genau, ob sie lächelt oder ob irgendein Grübchen, eine naturgegebene Faltenstellung um den Mund herum diesen Eindruck erwecken. Sie geht mit uns in die Kirche, wo die alten Weiblein so kümmerlich singen und der Pope so aufdringlich dröhnt, besichtigt das »Museum« mit uns, das Refektorium, und auch ins Priesterseminar kommt sie mit.

Na, na ... denke ich bei mir. Da sieht man doch, wie die Leute unter dem Bolschewismus die bescheidensten kirchlichen Regeln verlernt haben. Aber da die Tschornaja, die ja in Begleitung ihres Mannes ist, uns auch ins Seminar nachfolgt und wir ohnedies als Dolmetscherin ein weibliches Wesen bei uns haben, ist wohl auch gegen Natascha in einem russischen Priesterseminar nichts einzuwenden. Sie gibt dem Direktor ruhig die

Hand und hört seine Rede an, sie sitzt mit uns an dem Konferenztisch und sagt kein einziges Wort. Nur lächelt sie manchmal mit ihrem schöngeschwungenen, ungeschminkten Mund, wenn man sie freundlich ansieht.

Sie nimmt später auch an der Kaffeetafel teil, wieder ohne ein Wort zu sagen, verfolgt aber alles aufmerksam mit diesen hellblauen, etwas kurzsichtigen Augen. Sie fährt mit uns nach Moskau zurück, nun in unserem Wagen – ein Klappstühlchen ist noch frei –, und weil der Imbiß in Sagorsk so mager ausgefallen ist – ein paar Waffeln und dünner Kaffee –, plädieren wir für frühe Abendmahlzeit, und ich frage, ob sie mit uns essen will. Sie nickt erfreut, sagt »ein wenig . . .«, und so haben wir sie auch am Abendtisch, der sehr reichlich bestückt wird, weil wir ja eine Mahlzeit nachholen müssen.

Natascha ißt wirklich sehr wenig, eigentlich wie ein Spatz – was gar nicht zu ihrer durchwachsenen Stabilität paßt. Sie läßt zwei Drittel des Fleisches auf ihrem Teller, was mich ein wenig ärgert, weil ich es unerzogen finde: ein so junges Ding, das seinen Teller nicht abißt. Sie ist doch eingeladen . . .

Ich entdecke noch ein paar andere kleine Fehler an ihr. Sie ist zum Beispiel nicht sehr sorgfältig frisiert. Das hängt freilich mit dem Knoten zusammen, zu dem sie das etwas strohige Haar hinten gebündelt trägt – da machen sich immer ein paar Strähnen selbständig. Sie hat auch, will mir scheinen, sich ein bißchen schlampig und unachtsam angekleidet. Es machte mir schon vorhin den Eindruck, als sie nach Abgabe ihres Mantels vor mir herging, als habe sie morgens beim Anziehen nicht alles richtig »hineingesteckt«. Es gibt da Stauungen, Schwellungen, Linienunterbrechungen – natürlich geringfügigster Art. Wäre sie meine Tochter (was sie durchaus sein könnte), würde ich sagen dürfen: »Natascha, du mußt das Unterhemdchen etwas sorgfältiger über den Leib verteilen. Und: der Gürtel ist verdreht. Du solltest dich nicht nur morgens, sondern auch zwischendurch – zum Beispiel jetzt – einmal kämmen.«

Aber ich habe weder das Recht, noch im letzten Neigung zu solcher Beckmesserei. Sie ist auf eine so gewinnende, kunstlose, lautlose Art ein junges Mädchen, daß es fast strafwürdig wäre, dieses unverbildete Menschenkind zu dressieren. Eine sanfte, kluge Mutter könnte das ohne Schaden tun; auch eine ältere Schwester vielleicht. Aber ein Mann . . .? Im übrigen holt sie jetzt vielleicht das vorhin Versäumte nach; denn sie erhebt sich und geht hinaus.

»Wer ist das sympathische Mädchen, das Natascha heißt?« frage ich den guten Steshenskij, der darauf erstaunt aufsieht. Wenn wir sie nicht kennen – *er* kennt sie nicht.

Und da finde ich ihn denn doch überaus liebenswert, diesen volksdemokratischen Gentleman in seiner Großzügigkeit und Menschlichkeit. Hatte nicht gerade wenige Wochen zuvor deutsches »Protokoll« verhindert, daß der Bürgermeister eines Bodenseestädtchens acht oder neun afrikanische Diplomaten mit zwei Winzerinnen einen Willkommenstrunk kredenzte, weil der Dienstplan es nicht vorsah? Und hier gelang einem unbekannten Mädchen in der Sowjetunion der Einbruch in eine offizielle Delegation.

»Ist vielleicht eine Studentin«, schloß er dann. Aber als sie wiederkam, nun wirklich ein wenig frisierter, fragte er sie nicht. Erst zwei Tage später erfuhren wir durch ihren menjoubärtigen Dozenten, daß Natascha im zweiten Semester Deutsch bei ihm studiere und nach unserer Vorlesung in der Universität mit zwei anderen Studentinnen den Wunsch an ihn herangetragen habe, ihnen eine Fahrt nach Sagorsk zu organisieren, damit sie uns dort bei der geplanten Kirchenbesichtigung begleiten könnten. Das habe er – aus Gründen der »Rücksichtnahme« auf uns – abgelehnt, und das Trio sei daraufhin entmutigt zerfallen. Nur Natascha habe geäußert, es werde schon einen Weg nach Sagorsk geben. Wie sie es geschafft habe, sei ihm ein Rätsel.

Natascha stand auch am nächsten Vormittag gegen zehn Uhr am Eingang des Moskauer Zoologischen Gartens und begleitete uns schweigend, zuhörend, wenn Gospodin Gerlach die Geheimnisse des Tierkörpers oder gar der Tierseele vor uns lüftete, wenig verstehend (das stand außer Zweifel), nie fragend, aber auf jede an sie gerichtete Frage hin mit angestrengt gekrauster Stirn, tiefem Atemholen und ein paar deutschen Wörtern um Antwort bemüht. Ihre blauen Augen wurden dabei ganz weit und schienen ein bißchen nach irgendeiner Hilfe auszuschauen, denn das Gehirn konnte ja nicht mehr hergeben, als es nach gut einem Semester zur Verfügung hatte. Aber was sie nicht zu sagen wußte, ließ sie nicht durch andere sagen.

»Ich serr schlecht deutsch«, entschuldigte sie sich mit einem Lächeln, das um Nachsicht und Vergebung bat. Es genügte ihr, dabeizusein, uns reden und lachen zu hören. Und manches verstand sie auch. Und was sie nicht verstand, verstand sie eben nicht. Nur wenn ihr ein Scherz und das nachfolgende Lachen ganz unerklärlich blieben, trat zuweilen eine leise Trauer in ihre

Züge, weil sie sich nicht mitfreuen konnte; und wenn dann einer sagte: »Das müssen wir Natascha erklären ...«, dann leuchtete es dankbar auf in ihren Blicken, die Augen wurden jetzt vor Aufnahmebereitschaft weit, und wenn sie alles verstanden hatte, lachte sie auf eine gedämpfte, aufatmende Art nach.

Ein kleiner Nachhall des schönen Wetters vom vorhergehenden Tage erreichte uns gegen Mittag, als wir aus dem Bereich des Zoos wieder in die Stadt gelangten: die Sonne brach plötzlich durch und ließ das spärliche Herbstlaub aufleuchten. Wir bummelten ein paar Straßen entlang, und Böll und ich, die wir meist an überdurchschnittlichem Durst litten, entdeckten plötzlich eine »Poshaluista« mit einem Kwaßwagen. Wir hatten schon etliche Male nach einer Gelegenheit ausgeschaut, endlich dieses Volksgetränk Kwaß kennenzulernen.

»Da gibt's Kwaß«, bestätigte Steshenskij, und Natascha freute sich aufrichtig, daß wir endlich zu unserem Kwaß kommen sollten. Aber es stellte sich heraus, daß der Wagen eben geleert worden war.

»Wird schwer sein, Kwaß zu finden«, bedauerte Steshenskij, »Zeit ist vorbei.«

Wir hatten uns damit abzufinden. –

Und so kam der nächste und der übernächste und wieder ein neuer Moskauer Tag – wir blieben im Trab. Aber irgendwann und irgendwo an fast jedem dieser Tage tauchte das sanfte, gute Gesicht von Natascha auf. Wie ein freundlicher Mond goß sie helles, lautloses Wohlwollen über unsere Runde, trank eine halbe Tasse Tee, aß ein halbes Tellerchen mit uns, ging neben uns durch die Straßen Moskaus, und wenn sie wirklich an einem dieser uns noch verbleibenden Tage nicht erschienen war, so saß sie ganz gewiß am darauffolgenden Morgen am Frühstückstisch. Ihr Vater war General – das hatte sie eines Tages bei einem gemeinsamen Gang verraten. Aber er war in einer weit entlegenen Garnison der Sowjetunion. Sie erzählte in Brocken ihre Familiengeschichte: daß der Vater Russe, die Mutter Polin, die Großmutter väterlicherseits Ukrainerin, der Großvater Russe, die Großmutter mütterlicherseits Litauerin, der Großvater Ichweißnichtwas war.

»Ja«, nickte sie ein paarmal mit dem Kopfe und schloß dann in heiterer ironischer Selbstanklage: »Ich Kosmopolit.«

»Bist du auch Komsomolzin, Natascha?« fragte ich.

Sie nickte lächelnd.

»Wie oft habt ihr Dienst im Monat?«
»Einmal«, war die Antwort.

Der Tag kam, da wir nach Leningrad aufbrechen sollten, und Natascha versäumte nicht, uns eine gute Reise zu wünschen, während wir am Frühstückstisch saßen. Erst später erfuhren wir, daß sie trotz ihrer wiederholten Auftritte in diesen Tagen und Wochen keine ihrer Vorlesungen versäumt hatte. Sie wohnte weitab vom Hotel »Peking«, und auch die Universität lag nicht in nächster Nähe ihrer Wohnung. Vielleicht hatte sie manchmal wirklich kaum Zeit, ihr Leibchen zu glätten, alle Knöpfe zuzumachen und jeden Gürtel zu richten.

»Was werden wir ohne Natascha machen?« sagte ich in zärtlichem Spott und fuhr fort: »Und was wird Natascha erst ohne *uns* tun? Ich glaube, sie wird am Ende sogar ein paar Tränchen um uns vergießen ...«

Ich hatte das eben gesagt, da wurde ich ans Telefon gebeten; und als ich zurückkam, war Natascha verschwunden. Man hatte ihr meine Rede übersetzt, und da waren ihr wahrhaftig die Tränen in ihre wasserblauen Augen gestiegen; sie war rasch aufgestanden und ohne Gruß und Wunsch davongelaufen. –

Als wir zurückkamen – Böll aus Leningrad, Gerlach und ich aus Tiflis –, erschien beim ersten Frühstück Natascha, ein wenig sorgfältiger als üblich gekleidet, gekämmt, und begrüßte ihre heimgekehrten Freunde. Sie sagte nicht viel und fragte auch nichts, nahm wie immer Platz zwischen Genrich und mir, trank ein halbes Täßchen Tee, krauste die Stirn, wenn wir sie fragten, lächelte, wenn wir etwas sagten, das sie verstand, und gehörte wieder zu uns wie die Gabel zum Messer, das Lächeln zur Gioconda. Wir hatten nicht allzuviel Zeit in diesen letzten dreieinhalb bis zum Rand mit Einladungen und Treffen gefüllten Tagen, Nataschas sporadische, mit Opfern geleistete, mit Lächeln gewährte Gegenwart entsprechend zu vergelten. Aber wollte sie denn überhaupt ein Entgelt?

»Entgelt wofür denn?« – hätte sie verwundert gefragt.

Freilich hatte sie uns beschenkt – es war von Tag zu Tag offenbarer geworden. Das kommt ja zuweilen im Leben vor, daß die Rollen unversehens ins Gegenteil vertauscht werden, vor allem, was den Handel zwischen jüngeren und älteren Menschen betrifft. Der junge Mensch kommt zum älteren, will erfahren, bewundern und verehren, und mit einem Male verkehrt sich das Verhältnis: der Zauber der Jugend, der Schuldlosigkeit,

Unerfahrenheit, Demut teilt sich dem Älteren als ein Geschenk, eine unverhoffte Beseligung mit. Natascha, die Schweigende und Zuhörende, die Sprachunkundige und Nehmende, war – ohne ihren Willen, ihr Zutun, ohne unser Wissen – zu einer beredten Gebenden geworden. Unmerklich hatten sich die Gewichte verschoben.

Und wie reich, wie aufmerksam diese junge Seele war, sollten wir am letzten Tage erfahren, da sie ganz früh aus ihren Federn kroch, sich eine teure Taxe nahm und zum letzten Male an unserem Frühstückstisch erschien, blaß, ein wenig übernächtigt, aber vom Eifer jugendlichen Gemütes erhitzt, um uns Lebewohl zu sagen und jedem von uns ein kleines Abschiedsgeschenk zu überreichen. Mir hatte sie ein aus Birkenrinde geflochtenes Pantöffelchen zugedacht, einen Schuh, wie ihn die Bauern in der Tundra, den Sumpfgebieten des nördlichsten Nordens tragen, eine kunstvoll-einfache handwerkliche Konstruktion, die das fast Unmögliche – das Gehen über Sümpfe – möglich macht. Es war eine Kindergröße; und wer kann schon Kinderschuhe ansehen, ohne der eigenen Kindheit oder der Kindheit von Kindern und Kindeskindern zu denken und ohne davon berührt zu sein? Und für uns beide hatte sie dann noch je eine Flasche Kwaß. Sie hatte unsere Enttäuschung angesichts des geleerten Kwaßtankwagens im Gedächtnis aufbewahrt und nun in eine letzte Überraschung umgewandelt.

Es erging uns einigermaßen merkwürdig mit diesen beiden Flaschen Kwaß, die ich in meine Manteltaschen stopfte und dann in der Sitztasche der skandinavischen Maschine über Stockholm nach Kopenhagen trug.

Ich hatte tatsächlich noch keinen Tropfen Kwaß getrunken; aber Genrich hatte in Leningrad doch noch Gelegenheit gefunden, das Getränk zu probieren.

»Es schmeckt fad, geradezu scheußlich, so rührend es ist«, hatte er die Spende Nataschas kommentiert. Und so ließ ich denn eine der beiden Flaschen gleich in der Tasche meines Flugsitzes stecken. Die andere schleppte ich mit bis Kopenhagen – aus Pietät.

Und dort, im Büro eines Bekannten, öffneten wir sie – zu fünft! – und, o Wunder: das Zeug schmeckte vortrefflich, beinah köstlich, auf jeden Fall erfrischend.

»Es muß eine Art Edelkwaß sein ...« meinte Genrich kopfschüttelnd. »Wirklich, das in Leningrad schmeckte fürchterlich. Aber dies hier läßt sich tatsächlich trinken.«

Und so gedachten wir in Kopenhagen noch einmal unserer sanften Kosmopolitin, deren Birkenpantöffelchen mich noch oft über die weglosen Sümpfe der scheinbar heillosen Politik tragen wird, wenn meine Gedanken auf die Reise gehen nach Puschkin und Leningrad, Sagorsk und Jasnaja Poljana, nach Tiflis und Moskau, zu flüchtigen oder dauernden Freunden und einem liebenswerten Mädchen mit Namen Natascha.

Wer Ohren hat zu hören

Als wir den Eingang des Germanistischen Seminars der Moskauer Universität betraten, grüßte uns ein handgemaltes Schild:

GUTEN TAG,
LIEBER HERR BÖLL,
LIEBER HERR GERLACH,
LIEBER HERR HAGELSTANGE!

... und ich muß gestehen, daß mich diese unmittelbare, naive Anrede rührte; auf jeden Fall überraschte sie. In einem Lande, das so viel offiziellen Haß ausstrahlt, kommt jede freundliche persönliche Anrede einem Sonnenstrahl bei bedecktem Himmel gleich. Auf jeden Fall bescherten uns die beiden einzigen halbwegs öffentlichen Veranstaltungen eine sympathische und ermutigende Begegnung mit zwei Auditorien, die zu erkennen gaben, daß die Russen – jüngere wie gereiftere – aller Bevormundung zum Trotz durchaus Ohren haben, zu hören, und auch ihrerseits verdienen, gehört und verstanden zu werden.

Es ging wenig sensationell zu in dem einfachen, gut besetzten, aber keineswegs überfüllten Hörsaal. Wir wurden von Lew Kopelew, der auch zum größten Teil die Funktionen des Dolmetschers übernahm, willkommen geheißen und vorgestellt, und dann begann Heinrich Böll die Lesung. Jeder sollte etwa eine Viertelstunde aus seinen Arbeiten vortragen; am Schluß würden die Studenten Fragen stellen und mit uns diskutieren.

Böll hatte ein Insel-Bändchen ›Als der Krieg ausbrach ... Als der Krieg zu Ende war ...‹ und las den zweiten Teil. Er las ruhig, sachlich, was den eingesprengten Sarkasmen zu guter Wirkung verhalf; Kopelew lächelte zuweilen befriedigt und verständnisinnig herüber. Aber da Böll das Stück zum ersten Mal vorlas, hatte er sich verschätzt, unterbrach sich nach fünfundzwanzig Minuten und entschuldigte sich, daß er noch lese – man bat ihn, zu Ende zu lesen.

Das Auditorium verhielt sich musterhaft ruhig – was gar nicht so selbstverständlich war, wie es scheinen mag; denn unter denen, die sich mit Fragen zu Bölls Lesung meldeten, war auch einer, der Kopelew bat: er möge doch in drei, vier Sätzen auf russisch sagen, was Böll vorgelesen habe.

Das forderte natürlich einen Heiterkeitsausbruch heraus; die

Mehrzahl hatte verstanden, was vorgelesen war, und wußte die Naivität dieses Ansinnens zu schmecken – wie denn überhaupt die Reaktionen des Auditoriums auf gewisse Fragen oder Unterstellungen von erfrischender Spontaneität und Unbestechlichkeit waren.

Nach Böll las Richard Gerlach, der mit einigen kürzeren Versen aus einem Gedichtband ›Salz des Meeres‹ begann und mit einer jener kurzen Betrachtungen schloß, in denen er ohne jegliches Pathos menschlicher Eigenart, menschlichem Verhalten und am Ende der Menschlichkeit selbst das Wort redet. Die Studenten hörten sehr aufmerksam zu.

Um eine gewisse Abwechslung in das Programm zu bringen, las ich zwei Balladen: ›Der fremde Vogel‹ (mit einer Bemerkung, die den Charakter des Liebesgedichtes enthüllte) und ›Bei den schwarzen Baptisten‹; und zum Schluß das Gedicht ›Lied der Jahre‹.

Anschließend begann, sozusagen, die Fragestunde, die zunächst eine Reihe von einfacheren Informationen herausforderte. Es wurden dafür Zettel heraufgereicht, die sich an die einzelnen Vortragenden richteten und mancherlei Komplexe berührten: die Art zu arbeiten, die Thematik unserer letzten Bücher, den Anfang der literarischen Laufbahn, die Frage nach literarischen Strömungen usw. Ich habe zwei dieser Zettel aufbewahrt; den einen, weil er gewissermaßen eine radikale Summierung *aller* gestellten Fragen darstellt; den anderen, weil er einen besonderen Komplex anschnitt und eine ganz bestimmte Reaktion auslöste, als er verlesen wurde. Der erste Zettel war übrigens in sehr unbeholfener Schrift geschrieben und offenbar von einem (einer) sehr fleißigen Russen (Russin) – er war ungelenk, aber fast fehlerlos abgefaßt. Der zweite Zettel war völlig fehlerfrei und in einer sehr gewandten Handschrift geschrieben, die mich vermuten ließ, daß hinter dem provokanten Fragesteller ein Student aus der DDR stehen könnte. Der Text Nr. 1 lautete:

»Herrn Rudolf Hagelstange. Ich bin von Ihrer Liebesballade sehr angenehm überrascht. Lesen Sie bitte noch ein, zwei kürzere Liebesgedichte. Mich interessiert auch, welche Lyriker Ihnen besonders gefallen. Erzählen Sie bitte ganz kurz, wie die Situation unter den ganz jungen westdeutschen Lyrikern zur Zeit ist, worüber sie hauptsächlich schreiben *und* ob es eine ›einheitliche Linie‹ in bezug auf die Gedichtform bei Ihnen gibt. Können Sie auch sagen, ob die Möglichkeit besteht, auf dem Wege des Austausches Ihre Arbeiten in der UdSSR und DDR erscheinen zu lassen? Arbeiten Sie auch mit jüngeren Lyrikern zusammen, etwa in Form von Interessengemeinschaften?«

Das war zwar nicht wenig für eine Frage; aber problematischer war die zweite, die sich auf ein Steckenpferd der sowjetischen Anti-Amerika-Propaganda bezog:

»Lieber Herr Hagelstange! Die Rassenhetze gegen die Neger in den USA muß Ihnen bekannt sein. Sind Sie tatsächlich der Meinung, daß Ihr Gedicht der Sache der Befreiung der Neger in den USA dient? Ich glaube, daß solche Gedichte die Neger eher vom Kampf gegen die Rassenhetze ablenken. (Ich meine das Gedicht über den schwarzen Baptisten.)«

Als Kopelew diese Frage verlas und ich mich zur Beantwortung stellte, erhob sich ein leichter Proteststurm, der sich gegen den Fragesteller wandte und mich von der Beantwortung dieser überflüssigen Frage befreien wollte.

»Der hat das ganze Gedicht nicht verstanden!«

»Auf eine so törichte Frage soll Herr Hagelstange gar nicht antworten!«

»Bitte, zur nächsten Frage weitergehen!«

»Sie brauchen auf diese Frage nicht zu antworten«, sagte Kopelew zu mir, »das Auditorium lehnt die Frage ab.« (Er übersetzte auch die Zwischenrufe.) Aber ich bestand auf einer Beantwortung dieser Frage, weil sie – wie ich erklärte – einen zwielichtigen, zweischneidigen und sehr aktuellen Komplex betreffe. (Ich dachte dabei auch an das Spiel, das wir am Abend zuvor im Puppentheater gesehen hatten und in dem – es war eine Hollywoodpersiflage – zwei Filmjuden aufgetreten waren, die so offensichtlich Streichersche Konturen trugen, daß man an die Hochkonjunktur des ›Stürmers‹ erinnert wurde.) Ich sprach zunächst von der Rassenhetze – dies war das gegebene Stichwort – des Nationalsozialismus, die eine vom *Staat* verordnete, den Bürgern nahegelegte, ja durch »Gesetze« auferlegte, in ihren verbrecherischen Handlungen und Ausmaßen möglichst vertuschte Judenverfolgung betrieben habe, welcher Millionen von unschuldigen Menschen zum Opfer gefallen seien, und hielt dagegen eine im amerikanischen *Volke* hier und da auftretende Diskriminierung der Negerrasse, welche aber von *Staats* wegen mit allem Prestigeeinsatz bekämpft werde. Hier der Staat als Verfolger und Rechtsbrecher – dort der Staat als Rechtswahrer und Beschützer der Verfolgten. Das sei ein entscheidender Unterschied, und man möchte ihn bedenken, wenn man von »Rassenhetze in den USA« spreche.

Sofern es eine Anfrage gewesen war, war sie als solche schon von den Studenten abgewiesen worden. Nun aber sah man sehr nachdenkliche Gesichter. Das Gegenbeispiel vom Antisemitismus schien ein geheimes Tabu, vielleicht sogar eine wunde Stelle berührt zu haben.

Es gab weitere Fragen, nach dem Stand der deutschen und unserer Kenntnis der russischen Literatur; Fragen, die sich auf künftige Arbeiten und Bücher bezogen – und auch eine Frage, die sich auf die politische Vergangenheit bezog. Sie wurde an unseren Senior Gerlach gerichtet, und auch diesem sollte die Beantwortung von Kopelew erlassen werden, wohl weil dieser sie für zu persönlich und anzüglich hielt. Aber auch Gospodin Gerlach bestand darauf, diese Frage zu beantworten, und wurden dadurch die Voraussetzungen zu dem ersten öffentlichen »deutschen Gruß« nach dem Kriege auf Moskauer Boden geschaffen.

»Der Student«, so sagte Senior Gerlach etwa, »der die Frage an mich richtet, was ich denn während des Dritten Reiches gemacht habe, denkt vielleicht, ich hätte bei jeder sich bietenden Gelegenheit fleißig *so* gemacht und ›Heil Hitler‹ gerufen« – dabei nahm er stramme Haltung an und streckte den rechten Arm aus. Und dann sprach er drei oder auch vier Minuten lang über diese Zeit, ihre Erpressungsmethoden, über die Nachteile und Vorzüge eines sich viel mit Tieren beschäftigenden Schriftstellers, für den ein Ochse unter Stalin immer ebenso ein Ochse gewesen sei wie ein Ochse unter Hitler und Mussolini. »Oder wie die Herren sonst hießen oder heute heißen mögen.«

Es gab einige Lacher; aber die Mehrzahl machte sich offenbar auch über diesen Fragenkomplex Gedanken, die über den besonderen Anlaß, den Nationalsozialismus, weit hinausgingen. Der Name Stalin war nicht zufällig ausgesprochen worden. Auch diese jungen Menschen wußten von den Auswirkungen des Stalinismus und der unterirdischen Auseinandersetzung, die da im Gange war. Sie kannten die Verse Jewtuschenkos (oder sollten sie wenige Tage später in der ›Prawda‹ lesen), in denen er die Regierung bittet, Wachsamkeit zu üben, daß Stalin in seinen Nachfolgern nicht wieder Auferstehung feiere.

Mir schien, sie hörten jedes Wort und erwogen es mit Bedacht, und vor allem schienen sie mir auch nachzudenken über das »Unausgesprochene« dieser beiden Nachmittagsstunden. Es waren ja samt und sonders junge Menschen.

In der Staatsbibliothek für ausländische Sprachen sahen wir

uns, einige Tage später, einem »ausgewachsenen« Auditorium gegenüber, das sich aus den Lesern dieser Bibliothek, interessierten Moskauern und nicht wenigen anderen, zum Teil jüngeren Menschen zusammensetzte, unter denen sich Studenten, Lehrer und Professoren, Intellektuelle und – wie ich feststellen konnte – auch einige in der Sowjetunion jetzt heimische ehemalige Landsleute befanden.

Es mutete alles ein wenig improvisiert an – wie soll man auch drei Autoren, die Dolmetscher und die den Vorsitz führende Direktorin an einem einzigen kleinen, runden Tisch plazieren? Man mußte halt die Plätze wechseln und dankbar sein, daß man überhaupt einen hatte; denn der Saal war gepfropft voll – man saß bis auf drei Meter an das grüne Tischchen heran, und Späterkommende suchten hinter uns Platz.

»Soviel Leute – das ist aber schön!« sagte die reizende, etwa sechzigjährige, leicht silberhaarige Direktorin, die soeben den Fuß auf die Schwelle des Verzichtes gesetzt haben mochte. »Wie machen wir das nun ...? Ich denke: jeder liest etwas vor – und dann soll er etwas von sich selbst erzählen, seinem Leben, seiner Arbeit, seiner Familie ... Fangen Sie an, lieber Herr Böll. Ich begrüße rasch die Leute.«

Sie erhob sich und sprach ein paar russische Sätze (uns von den Interpreten ins Ohr gedolmetscht), die wie in eine Familie hineingesagt waren, Sätze von kunstloser Herzlichkeit, von mütterlich empfehlender Gestik begleitet:

»Das also ist Heinrich Böll, den Sie ja alle schon von Büchern und Bildern her kennen; und das ist Herr Richard Gerlach ... usw. usw. Fangen wir an? Also, lieber Herr Böll, wir sind bereit und lauschen ...«

Und sie lauschten wirklich, als ihnen nun etwas vorgelesen wurde, das überschrieben war: ›Als der Krieg ausbrach ...‹ Man soll ja beileibe nicht denken, das sei für die Russen eine längst vergessene, abgetane Sache. Einundzwanzig Millionen Menschen hat dieses Land verloren, und die Furcht vor einem neuen Krieg – einem Krieg, den natürlich diese verteufelten deutschen Stehaufmännchen, die trotz Teilung und zwei verlorenen Kriegen wieder die längsten Stiefel in Europa anhaben und schon wieder vorangehen, entfachen würden – ist echt; sie gründet sich auf Erfahrungen, Erlebnisse (die wir verdrängen) und wird fleißig von den Regierenden geschürt, die möglicherweise – nur unsere Phantasielosigkeit macht, daß wir *diese* Möglichkeit so selbstverständlich ausschließen – insgeheim bei sich selbst diesen Alpdruck kultivieren. Und was da noch fehlen könnte an Angst und Argumenten der Angst, liefern die Mauersetzer: die Sorge des einen ist der Sold des anderen.

Wer das kleine Stück nachliest, wird das raffinierte Hantieren des Obergefreiten Leo am Klappenschrank wohl als typischen Soldatengalgenhumor, keineswegs aber als Verniedlichung der Kriegssituation empfinden. Es war aufschlußreich, daß ein Hörer diesen Verdacht aussprach. Der Krieg, so glaubte er sagen zu müssen, ist eine zu schreckliche Sache – er schließe das Groteske eigentlich aus. In solcher Denkweise zeichnete sich ganz deutlich die Grenze einer kommunistisch verstandenen russischen Kunst ab. Aber auch in diesem Falle erwies sich das Auditorium solcher Denkweise überlegen: es erhoben sich sofort Einwände und Proteste.

»Sie haben das ganz falsch verstanden, Genosse!« hieß es von mehreren Seiten.

Heinrich Böll erklärte, daß hier nicht der Krieg verniedlicht, sondern die Absurdität der militärischen Apparatur persifliert werde.

Man horchte auf, nahm es hin; man nahm es mit nach Haus. Wer hätte von diesen Menschen erwarten dürfen, daß sie in frenetische antimilitaristische Beifallskundgebungen ausgebrochen wären? Ihre Armeen hatten das Vaterland gerettet, den fremden Eroberer vertrieben; die Deutschen dagegen, die hatten den Krieg verloren und die vielen überfallenen Länder wieder verlassen müssen – da gab es wohl Unterschiede. Aber etwas Gemeinsames gab es natürlich doch auch; eine gewisse Absurdität haftet wohl jeder militärischen Apparatur an, hier wie dort und überall . . . Man spricht besser nicht darüber. Aber so, wie es gemeint ist, trifft es wohl zu. Es ist eigentlich nicht mißzuverstehen.

Auch die religiöse Substanz in den Büchern Bölls forderte einige Fragen und Mutmaßungen heraus. Jemand wollte ihn mit dem Franzosen Mauriac vergleichen. Eine junge Russin hätte gern erfahren, ob er nicht gelegentlich unter Glaubenszweifeln litte; eine andere, worin er den Sinn des Lebens erkenne.

Ach, sie fragten mehr, als neun Weise hätten beantworten können; aber es war nicht der geringste Zweifel, daß noch die zurückhaltendste Auskunft menschlich gewürdigt, respektiert und richtig verstanden wurde von diesem Auditorium. Vieles, was dieser ruhige, zögernde und so gar nicht auf Wirkung und Rechthaben bedachte Mann da sagte, wich von der alltäglichen, präpotent-propagandistischen Lesart nicht unerheblich ab. Zudem tat er etwas, und er tat es mit gelassenem Ernst, ohne Eiferertum, ohne Besserwisserei: er glaubte noch an Gott, ging vielleicht, in dem Empfinden und Erkennen, ein sündiger Mensch zu sein, zur Beichte, zum (wie sagen sie doch in ihrer gehobenen Kirchensprache) Tisch des Herrn ... Ein eigenwilliger, interessanter, sehr glaubwürdiger und sympathischer Schriftsteller, dieser Mann. Wir haben uns nicht in ihm getäuscht. Wir haben doch Ohren, zu hören ...

Diesmal lief ich auf der zweiten Bahn, und mir schlug das Herz nicht wenig, als ich meine Viertelstunde mit dem Vortrag der letzten sieben Sonette des ›Venezianischen Credo‹ einleitete.

Nicht daß ich der Meinung gewesen wäre, moskowitischen literarischen Gourmets (die es wohl kaum gibt) damit etwas Extraordinäres zu bieten; aber ich hatte mir vorgenommen, an dieser Stelle nicht gefällig und bequem aufzutreten, indem ich in Moskau, der Hauptstadt der kommunistischen Weltrevolution, aussprach, was man in Leipzig nicht mehr drucken darf, das nämlich:

»...Freiheit ist der Odem unseres Lebens,
das Salz der Speise und der Wind im Segel,
der Stolz des Löwen und das Glück der Vögel,
das Recht des Mannes ...«

Und es war für mich – man mag es belächeln – eine der spärlichen echten Genugtuungen, die uns das Leben schenkt, als ich an dieser Stelle das Glück des Menschen, auch des ärmsten, definieren durfte in der Formel: »Ein Geist, zu sinnen, und ein Herz, zu lieben.«

Und das eigentlich Erregende war ja nicht, daß ich mit solchen Worten und Gedanken verzweifelt und abgeschlagen gegen den Strom angeschwommen wäre, sondern daß ich aussprach, was diese vielleicht zweihundert Menschen nicht weniger und nicht anders empfanden als ich. Und weil ich glaubte, ihr Ohr zu haben, und nun gehalten war, ein paar Daten und Fakten meines Lebens preiszugeben, nannte ich sie diesen Russen in Stichworten: Elternhaus, Schule, erste literarische Versuche, Journalismus, Berliner Zeit und dann Reisejahre, Krieg und Nachkrieg und damit der Beginn einer schriftstellerischen Laufbahn ...

Und dann sprach ich von der Demarkationslinie und dem

Stacheldraht, von den Schwierigkeiten, die ein junger deutscher Schriftsteller 1946 zu überwinden hatte, um von Mitteldeutschland nach Westdeutschland zu gelangen, von dem unbezwingbaren Bedürfnis, nach zwölf Jahren Hitlerdiktatur endlich ein freier und freizügiger Mensch zu sein. Ich ließ meine Zuhörer wissen, daß ich aus eben diesem Grunde mit meiner Frau und meinen damals noch kleinen Kindern diese sinnlose, gewaltsame Grenze Ende 1946 überschritten hätte und nach Westdeutschland gegangen sei – als ein Mann, der von Jugend auf in fremde Länder gereist und dem Bewegungsfreiheit ein elementares Bedürfnis sei. Möglicherweise habe sich dieses Bedürfnis auch auf meine Kinder vererbt: meine Älteste wandere gerade, während ich hier in Moskau sei, für sechs Wochen mit drei anderen Studentinnen durch Griechenland. Wir seien wohl auch auf der Welt, um sie kennenzulernen, nicht aber, um sie durch Linien, Grenzen und Mauern unbegehbar zu machen.

Ich sprach möglicherweise gegen den Wind, vielleicht gegen da und dort aufstehende Feindschaft – denn sicher waren auch einzelne Beobachter und Funktionäre anwesend; aber da ich nichts als die Wahrheit sagte, eine wenig schmeichelhafte vielleicht, aber eine zurückhaltende, sich fast entschuldigende, hörte man mir mit gespanntester Aufmerksamkeit zu. Man verstand, was ich getan hatte, und mancher dachte vielleicht im stillen: so würde wohl auch ich gehandelt haben, wenn ich die Freiheit des Handelns gehabt hätte. Der Mensch sollte frei sein . . .

Ich spürte, daß sie zuhörten, und das machte mich ruhig und erfüllte mich mit einer inneren Heiterkeit, die vielleicht sogar das Wort »Glück« verdiente. Ich fühlte menschliche Nähe und Dankbarkeit dafür. Und ich sollte in den nächsten und vor allem an den beiden letzten Moskauer Tagen noch oft daran erinnert werden, daß mein Gefühl mich nicht getrogen hatte.

Ich vermochte an diesem Abend nicht mehr viel Aufmerksamkeit aufzubringen für unseren Senior, der einige Gedichte vortrug aus dem ›Salz des Meeres‹. Aber dann las er wieder ein kleines, sorgfältig gearbeitetes Stück über die Beziehungen der Menschen untereinander, das auf kaum wahrnehmbare, behutsame Art auch auf unsere Situation, auf die Vorbehalte, mit denen ein Deutscher in der Sowjetunion zu rechnen hat, und auf das Abtragen dieser Vorbehalte Bezug hatte. Und am

Schluß leuchtete sie, allen sichtbar, aus dem Gestrüpp der Voreingenommenheit und der Vorurteile hervor: die Sympathie – die reife Frucht der Unvoreingenommenheit.

Hatten sie es gehört?

Ganz gewiß hatten sie es gehört. Es war die leiseste aller »Pointen« dieses Abends. Sie antworteten mit Sympathie.

Die Direktorin, die auf die gleiche sprudelnde, beherzte und unkonventionelle Art ein Schlußwort sprach, war ganz aufgeräumt, als wir ihr ins Büro nachfolgten.

Wie uns ihre Moskauer gefallen hätten? Waren sie nicht ganz besonders aufmerksam? Und auch gescheit? Und doch ohne jede Scheu? Nein, wahrhaftig, es war doch ein schöner Abend. Das müsse sie sagen. Und nun sollten wir uns ein wenig stärken dafür.

Ein georgischer Südwein wartete auf uns und ein Teller mit Konfekt.

Ob ich schon russisches Konfekt probiert hätte.

Nein, noch nicht.

Ich müßte aber.

Ich probierte also – es war das erste russische Konfekt in meinem Leben.

»Schmeckt es?«

»Ja, es schmeckt sogar gut.«

»Das freut mich!« sagte sie, griff mit beiden Händen in den Konfektteller und stopfte mir rechts und links in die Jackentasche ein knappes Dutzend von Konfektstücken.

»Nehmen Sie, nehmen Sie! Man muß nehmen, was einem schmeckt!«

Schließlich kam Böll – er hatte eine Reihe von Autogrammwünschen befriedigen müssen –, und wir brachen nach herzlichen Händedrücken, Dankessprüchen und mit Wiedersehenswünschen auf.

Als ich unten auf die abendlich dunkle Straße trat, kam eine junge Frau auf mich zu und sagte fragend meinen Namen.

»Sie entschuldigen«, sagt sie, »aber ich wollte Ihnen doch sagen, daß es sehr aufregend war, was Sie uns erzählt haben. Und: daß Sie es unbedingt aufschreiben müssen. Wirklich, Sie müssen es aufschreiben – nicht für sich, nein, für die anderen. Was für ein interessantes Leben müssen Sie führen! Sie haben eine Frau und vier Kinder. Sie schreiben Bücher. Sie reisen viel. Da lernt man die Welt und das Leben doch kennen. Schreiben Sie nur alles auf. Schreiben Sie's auf, damit wir es lesen können.«

Ich wußte nicht, was ich sagen sollte.

»Danke schön, danke schön«, sagte ich, um ein vernünftiges Wort verlegen.

»Nein, nein!« schüttelte sie ernsthaft den Kopf. »*Sie* müssen nicht danke sagen. Sie müssen nur schreiben. Ich wünsche Ihnen Glück für alles, was Sie tun, viel Glück . . .«

Ich spürte einen flüchtigen, schon enteilenden Händedruck. Dann war ich wieder allein.

Ein Besucher Moskaus, dem das alltägliche Bild westlicher Haupt- und Großstädte vertraut ist, ob sie nun Hamburg oder Berlin, Paris, Rom oder London heißen mögen, und der für einen ersten Gang sein Hotel verläßt, mag sich fragen, ob denn vielleicht gerade dies der Tag sei, an dem die Bevölkerung des umliegenden weiten Landes gewohnheitsmäßig in die Metropole ströme, um ihre Einkäufe zu machen. Er erinnert sich daran, daß zu gewissen Zeiten, bei Märkten oder Messen, selbst charaktervolle Städte ihr Aussehen verändern, wenn in großer Zahl einströmende Gäste die Straßen beleben und um so mehr tonangebend werden, als es die Eingesessenen wie in unausgesprochenem Protest vorziehen, in ihren Wohnungen abzuwarten, bis die Invasion »deplacierter Personen« sich wieder verlaufen hat.

Es brauchte ein paar Tage, bis ich mich von solcher Vorstellung und Mutmaßung befreit und daran gewöhnt hatte, das ländlich einfache, jeder großstädtischen Eleganz entbehrende Bild, das Moskauer Straßen und Plätze abgeben, für das normale zu nehmen. Ich hatte vergessen, daß ich mich in der Metropole der proletarischen Revolution befand, im Vaterland der Werktätigen, im Staat der Arbeiter und Bauern; oder ich hatte diese Vokabeln nicht mehr ernst genommen, deren sich ja alle Volksdemokratien bedienen, ohne – bei aller Rigorosität der Umschulung – einen ähnlichen Weg zurückgelegt zu haben wie dieses Land, das sich seines Adels und seines Bürgertums in blutigstem Aderlaß entledigt hatte. Hier waren die Arbeiter und Bauern noch wörtlich zu nehmen. Und nicht allein der Typus war es, der vorwiegend für diesen Eindruck das Maß gab – obwohl der Russe bis in die intellektuellen Spielarten hinein viel Erdhaftes, Ländliches und Bäuerliches an sich hat –, sondern vor allem seine Kleidung, die Art, sie zu tragen, sich zu bewegen. Dies waren samt und sonders einfache, arbeitende Menschen, die unterwegs waren, um ihre paar Einkäufe zu erledigen. Und wenn sie auch ganz gewiß nicht allesamt Moskauer Bürger waren – da war kein Unterschied zwischen Einheimischen und Besuchern. Vielleicht fünf- oder sechsmal in zwölf Moskauer Tagen nahm ich im Straßenbild ein weibliches Wesen wahr, das elegant oder (im westlichen Sinne) sehr gut angezogen war und darum auch das Auge anzog, und nur ein einziges

Mal eine (sagen wir) Hochgeschürzte, die ganz sicher keine Russin war. Sie trug einen wirklich provozierend kurzen Rock, einen braunen Kunstledermantel, hatte grellblondes Haar und befand sich in Gesellschaft eines ähnlich auffallend gekleideten Jünglings; und weil es auf dem großen Platz vor dem Kreml war, über den sich wieder eine lange Schlange von Mausoleumsbesuchern bewegte und den auch sonst viel Menschheit überquerte, machte sie wahrhaft Sensation. Alle drehten sich nach ihr um und äußerten Kritik, Widerwillen, ja Verachtung.

»Sieht sie nicht unmöglich aus ...?«

»Welch unglaubliche Aufmachung!«

»Ich würde mich schämen, so unter die Leute zu gehen.«

»Wenn das meine Tochter wäre, ich würde sie durchprügeln.«

Nein, wer »die Moskauer« sagt, um damit irgendeine Note, einen bestimmten Akzent oder Pfiff anzudeuten, wie er etwa mit den Kennmarken die »Wienerin«, der »Berliner«, die »Pariserin« unmißverständlich anklingt, könnte ebensogut Plauen im Vogtland, Schwäbisch Gmünd oder Aurich in Friesland zum Vergleich heranziehen. Noch Wochen nach der Reise nahm ich in kleinsten deutschen Städten, ja in Dörfern mit kopfschüttelndem Staunen die Sorgfalt und die überlegte Gesamtabstimmung der Kleidung vor allem unserer Frauen wahr, obwohl der Bundesbürger im allgemeinen vielleicht nicht als ein Ausbund an gutem Geschmack gelten kann. Wer die spärlichen modischen Auslagen und den außerordentlichen Andrang, ja Ansturm auf Textilien und Hüte in den Moskauer Kaufhäusern wahrnahm, das Kurzverfahren, in dem sich eine Sowjetbürgerin zwischen drei im Grunde unschicken Kopfbedeckungen oder wenigen Farbvarianten entscheiden muß, begriff recht bald, daß diese monotone, wenig anziehende, gelegentlich geschmacklose Kleidung zunächst einmal eine Folge der begrenzten Möglichkeiten sein dürfte.

Es mag sein, daß wir Westler einen übertriebenen Luxus treiben, was unsere Außenhülle, unser Ambiente und unser zivilisatorisches Zubehör betrifft. Aber ebenso sicher ist, daß die kommunistische Gesellschaftsordnung – einige Bevorrechtigte ausgenommen – ihren Bürgern noch immer jenes Minimum an schmückendem, den Alltag verschönendem Zubehör versagen muß, das dem Leben Grazie und dem Einzelnen persönlichen Zauber verleiht. Natürlich traf man im Bolschoi-Theater, im Konzertsaal, gelegentlich auch im Hotel auf jene Sorgfalt und bemühte Festlichkeit der Kleidung, die dem guten Bürger früher selbstverständlich war. Aber das äußere Bild des heutigen Moskau – Geschäfte, Menschen, Straßen und Plätze – ist von ernüchternder Schmuck- und Farblosigkeit.

Ich sah hier und dort Straßenabschnitte, stehengebliebene Einzelbauten, die an das alte Moskau erinnerten und vergangene Zeit nachempfinden ließen – Tolstois Winterhaus zählte zu ihnen. Es ist wohl unvermeidlich, daß dieses alte Moskau, von wenigen historischen und dokumentarischen Gebäuden abgesehen, von einem neuen, zweckmäßigen Moskau abgelöst wird; die zeitgenössische Massengesellschaft kann nicht in blockhausähnlichen Einfamilienhäuschen Platz finden. Aber auch auf diesem Gebiet öffentlicher Selbstdarstellung hat der Kommunismus noch nicht zu einer zeitgemäßen, modernen Ausdrucksform gefunden. Vielleicht in keiner Stadt der Welt wird soviel gebaut wie in Moskau. (Gerade diese ungeheure, jede Vorstellung übertreffende Bautätigkeit gibt einem die Überzeugung, daß dieses Land alles andere wollen und gebrauchen kann, nur keinen Krieg.) Aber Tempo und Ausmaß des Wohnungsbaus schließen offenbar auch den Einfluß der Musen aus.

Wenn ich mich, meist weit nach Mitternacht, in mein Hotelzimmer und zur Nachtruhe begab, hörte ich noch im Einschlafen das summende Gedröhn der Wagen und Lastwagen, welche die breite Straße herauf- oder herunterdonnerten, und der gleiche, nicht an-, nicht abschwellende Ton drang morgens in mein Bewußtsein. Wann immer ich ans Fenster trat und auf die Straße hinuntersah, es war das gleiche Bild: leere oder beladene Lastkraftwagen, Tank- oder Baufahrzeuge, militärische Vehikel, Taxen, Lieferwagen und »Privatwagen« – ein nicht abreißender Verkehrsstrom, dem etwas Automatisches, Routinehaftes, Anonymes, gelegentlich sogar Pseudo-Geschäftliches anhaftete. Aus mir zunächst unerfindlichen Gründen wurde ich in diesen russischen Wochen immer wieder an meine Militärzeit erinnert. Der Sozialismus kommunistischer Prägung hat vieles mit dem Apparat des Militärischen gemein: die pathetisch-heroische Gestik, das Zuteilungssystem, die Unfreiheit, das Warten und Schlangestehen, die Uniformität der Lebensgewohnheiten, den erstaunlichen Leerlauf in vielen Bereichen, den Hang der Allgemeinheit zur Drückebergerei (dem sich der Trieb mancher Einzelner zum Karrieremachen wie ein schmaler Schattenwurf zugesellt), eine gewisse Müdigkeit, Lustlosigkeit und Unpersönlichkeit – und daneben wieder ein verborgenes, verkümmertes und bei gewissen Anlässen spontan geäußertes Bedürfnis nach menschlicher Wärme, das – wenn es Befriedigung fand – reizende, gelegentlich bewegende Dankbarkeit aufbrechen ließ.

Unser Hotel war in dieser Hinsicht ein kleiner sozialistischer Kosmos für sich. Alles war, bis in die Einzelheiten, genormt, eingeplant und kontrolliert. Den Schlüssel fürs Zimmer händigte uns nicht ein x-beliebiger Empfangschef oder Angestellter aus, der ja unmöglich alle Gäste kennen konnte, sondern man bekam ihn erst auf dem Stockwerk, auf dem das gemietete Zimmer lag, aus der Hand einer Frau, die – an einem Schreibtisch – so postiert war, daß alle Zimmereingänge zu überblicken waren. Dieser strategische Punkt war Tag und Nacht besetzt. Dort auch hatte man etwaige Wünsche anzumelden, zu deren Befriedigung einige Gehilfinnen bereit waren. Zu manchen Stunden waren es zu wenige, und man mußte lange warten; zu anderer Zeit wieder waren sie nicht »ausgelastet« und saßen plaudernd da – warum nicht? Aber ein uns ungewohntes Bild gaben sie denn doch ab. Die Revolution hat auch den Hotelangestellten einige »Rechte« erobert, was sich auch an der ganz und gar unservilen Sachlichkeit ablesen ließ, mit welcher die grünlivrierten Garderobenhüter einem Mantel und Hut abnahmen. Das Gieren nach dem sogenannten Trinkgeld, die berechnete Liebedienerei fehlten ganz und gar. Allerdings kommt dadurch wohl in den ganzen Hotel- und Restaurationsbetrieb etwas Mechanisches, Automatisches, Ungefälliges. Der Kult mit dem Gast wird ja nicht nur getrieben oder gern hingenommen, weil man Servilität gegen Geld austauscht bzw. sie dafür eintauscht, sondern weil der Gast Fürsorge empfinden, sich heimisch fühlen soll: ein Rest des heiligen Gastrechtes wirkt darin nach. Besonders geschulte und zuvorkommende Bedienstete zeichnet man dann durch höheres Trinkgeld oder gelegentliche Geschenke aus. Aber der besondere Charakter des Gastes, der in allen Ländern und vor allem in Rußland noch empfunden wird, wenn es um *persönliche* Einladungen, *private* Gastfreundschaft geht, geht dort täglich mehr verloren, wo es sich um den anonymen Routinegast handelt. Das spürt man seit jüngerem im westlichen Europa, seit längerem in den Vereinigten Staaten; wie sollte man es nicht in einer Gesellschaftsform spüren, die auch dem Kellner, dem Portier, der Zimmerfrau, der Garderobiere den Charakter von Staatsangestellten zuweist? Der Mensch *dient* nicht mehr – in dem Sinn, daß einer des anderen Last trägt

–, er erfüllt eine Funktion. Aber indem er damit aus der »erniedrigenden« Position des Dienenden erlöst scheint, verliert er an Individualität und Menschlichkeit.

Zuerst wollte mir scheinen, daß hier die Gäste mit den Hotelbediensteten im Grunde viel despektierlicher und kühler, ja hochmütiger umgingen, bis ich bemerkte, daß dies auf Gegenseitigkeit beruhte. Die sozialen Positionen sind abgegrenzt; man geht sich nichts mehr an. Ungefälligkeit wird nicht gerächt, Gefälligkeit nicht belohnt. Höflichkeit bleibt auf ein Minimum beschränkt. Unsere Gesellschaft, die ihre sozialen Ansprüche überall in der Welt täglich höher schraubt, bezahlt diesen zivilisatorischen Fortschritt – wie in vielen anderen Fällen – mit einer analogen Einbuße an Kultur und Humanität. Der einzelne kann diesem Schwund an menschlicher Beziehung hier und dort entgegenwirken, indem er sie durch ein persönliches Eingreifen – ein Gespräch, ein Geschenk, einen Gruß – herzustellen versucht. Als Ausländer hat man da freilich einige Hindernisse zu überwinden – nicht nur die der russischen Sprache. Man möchte auch sich selbst nicht in den Verdacht einer billigen Eigenwerbung begeben. Aber jeder von uns machte auf seine Weise die Erfahrung, daß schon eine geringe Geste freundlicher Zuneigung oder bescheidener Anerkennung Freude und Glück auslösten und herzlich bedankt wurden. Aber kann man die Lethargie einer Massengesellschaft durch private Gesten aufheben? Nur einmal in diesen drei Wochen erlebte ich den Protest eines selbstbewußten und dabei keineswegs herausfordernden Sowjetbürgers gegen unfreundliche Bedienung: an einem Sonntagvormittag im riesigen Warenhaus GUM.

Es war in der Keramikabteilung, die unter Uninteressantem oder Wertlosem auch einiges Hübsche enthielt, von dem sich ein offenbar mit gutem Geschmack ausgestatteter Mann das Bessere ausgewählt hatte. Es war nicht auszumachen, ob ihn die Verkäuferin aus Sachverstand oder aus Gleichgültigkeit zögernd und mit einigen »Mißgriffen« bediente; auf jeden Fall sprach der Kunde plötzlich der Verkäuferin seinen Tadel aus: er protestiere gegen ihr gleichgültiges, unaufmerksames Benehmen. Sie sei hier angestellt, um mit Freundlichkeit und Gefälligkeit die Käufer zu bedienen. »Kommen Sie dieser Pflicht nach, Genossin! Ich erhebe Anspruch auf sachgemäße und höfliche Behandlung!«

Aber was heißt schließlich sachgemäße und höfliche Behandlung in einem Warenhaus, das viele Tausende von Menschen,

Leib an Leib, durchmahlen wie ein angeschwollener Strom, und das einer verzehnfachten Käuferschaft kaum ein Fünftel oder gar nur ein Zehntel des Materials zur Auswahl zu bieten hat, das für ein »kapitalistisches« europäisches Warenhaus als normal gilt? Als Gospodin Gerlach sich für sein silbernes Haupt eine Pelzmütze erstand und die wenigen Modelle aufprobierte, unter denen es zu wählen galt, umstanden uns vielleicht zwanzig oder fündundzwanzig andere Interessenten für Pelzmützen und warteten höflich, aber mit unterdrückter Ungeduld auf eine Entscheidung, die vermutlich noch nie in solcher Eile getroffen werden mußte. Dabei war die Pelzmütze wirklich das, was man ein Objekt nennt; sie kostete etwa das Dreifache wie in Finnland. Wie aber mußte es erst in der Schallplattenabteilung zugehen, wo das Objekt im teuersten Falle nur vier Mark kostet und wo sich die weniger vermögende Jugend drängte ...

Natürlich gab es keine Zellen, wo sich ein Musiknarr hätte entscheiden können zwischen dem Brahms-Violinkonzert, das David Oistrach, und dem, das zum Beispiel Nathan Milstein spielt. Es gab in jeder der drei oder vier Verkaufsabteilungen rechts und links einen Plattenspieler, auf dem je eine Platte kreiste – Jazz, Volks- oder Konzertmusik. Aber sie kreiste nur etwa sechs- oder achtmal ohne Unterbrechung; dann wurde sie unerbittlich dreißig, vierzig Rillen weiter aufgesetzt, kreiste einige Male, wurde geschickt angehoben und wieder aufgesetzt: jedesmal, wenn man dabei war, sich einzuhören oder überhaupt das Motiv zu identifizieren, griff die Staatsverkäuferin zu und veränderte die Laufspur der Nadel. Links Volksmusik, rechts Violinkonzert; nebenan, auf der einen Seite Chorgesang und Marschmusik; auf der anderen Seite eine Sprechplatte und ein Klavierkonzert. Davor sich stauendes Volk, Fragen, Nadelanheben, Wünsche, rasch erzwungene Entscheidungen, Kauf, Nadelanheben, Abrechnen, Abnehmen, Einpacken, neue Platte, Nadelanheben, *poshaluista,* die Rote Armee singt, 12,5 Takte Oistrach, 17 Takte für das Schostakowitsch-Konzert a-Moll (Nocturne), Sie wünschen, Genosse? Jawohl, Opus 99, Nadelanheben, Prokofjew? Nein. Bitte, die Listen an der Wand einsehen! Sechzig Kopeken, danke schön, Nadelanheben, zweiter Satz Scherzo, die Liebe ist kein Spiel ...

Darauf mußte man ein Gläschen Champanskoje trinken oder ein Eis essen. Eine Runde Eis bereitete dabei weniger Schwierigkeiten als eine Runde Champanskoje für vier Personen. Überall standen die Verkäuferinnen in den Leinenkitteln mit den Eisportionen, die nach guter Hausmacherart schmeckten; und wenn einmal eine ihren Stand verlassen hatte, so holte sie gerade frisches Eis. Aber wie kann man als Deutscher in Ruhe eine Runde für vier Personen ausgeben, wenn man – da nur vier Gläser als Bestand eingeplant scheinen – damit für einige Minuten des Konsums alle gleichfalls durstigen Russen in den Zustand der Prohibition versetzt? Man fühlt Gewissensbisse; und nicht umsonst stieß man, wenige Schritte später, mitten im Warenhaus auf eine Wand mit Anschlägen und Fotos, vor der einige Leute standen, die neugierig Texte und Bilder studierten.

Ein kleiner Pranger war es. Die Genossin Sowieso hatte auf dem Bahnhof Soundso Bürgerinnen angesprochen und ihnen gegen ein Aufgeld kontingentierte Waschmaschinen angeboten. Sie ist als Schädling und Störerin der Planwirtschaft bereits der angemessenen Strafe zugeführt. Ebenso erging es dem Genossen Z., der versucht hat, unsaubere Geschäfte mit dem Gegenstand Y zu betreiben und dem Staat ein X für ein U vorzumachen. Geschäfte mit dem Überfluß – das ist selbstverständlich erlaubt. Aber der Spielraum für solche Geschäfte scheint sehr begrenzt. Die Versuchung, die Mangelsituation zum eigenen Nutzen auszuwerten, scheint das Gegebene.

Ich sehe mir die Leute ein wenig an, die diesen Pranger studieren. Sie verraten nicht eben seelische Erschütterung.

So, so, scheint der eine zu denken. Da kann man also doch rascher zu einer Waschmaschine kommen. Man muß nur etliche Rubel mehr drauftun. Ein bißchen riskant freilich.

Und eine ältere Frau mag denken: Wer weiß, ob meine Ludmilla nicht auf ähnlichen Abwegen wandelt. Das Täubchen hat mehr Rubelchen, als man ehrlich verdienen kann. Die Strafe ist happig. Wird nichts schaden, wenn ich ihr davon erzähle . . .

Und so studiert man und denkt; aber keiner läßt ein Wort fallen, weder des Beifalls noch der Verdammnis. Aber während ich mit der Meisterin Anschläge und Leute studiere, muß ein junger Mann neben mir unauffällig die Qualität meines Regenmantels begutachtet haben. Er folgt uns, denn er hat wahrgenommen, daß wir ungefährliche Ausländer sind, und erklärt sich. Er läßt die Blicke schweifen, ob nicht einer sein sträfliches Tun beobachtet. Aber in diesem Gewühl . . .

Er möchte den Mantel kaufen – also: wie viele Rubel? Da er unverkäuflich ist, interessiert ihn die dunkelblaue Wolljacke; und auch der Hut kommt in Frage, obwohl er eigentlich schon recht alt ist. Ich glaubte fast, er würde mich mit Hose, Jacke, Mantel, Haut und Haar kaufen, lasse ich ihm sagen.

Er nickt energisch. Alles würde er kaufen; alles kommt in Frage. Er verläßt uns und taucht unter in die Menge, um fünf Minuten später wieder neben uns aufzutauchen und sich Zwischenbescheid zu holen. Er lächelt bedauernd zu der freundlichen, aber endgültigen Absage und verschwindet.

Dasselbe spielte sich eine Woche später in Leningrad ab, wieder in einem Warenhaus, nur war die Szenenfolge kürzer und gehetzter, da es gegen Abend war und sich das Gros der Käufer schon verlaufen hatte. Wieder war es ein jüngerer Mann. Und auch die dritte Attacke – auf der Straße – ritt ein junger Mann.

Das Bedürfnis nach besserer, und das heißt wohl zwangsläufig westlicher Kleidung bei der etwas ehrgeizigeren Jugend und den Intellektuellen war unverkennbar. Mit welchem Stolz trug der kleine, sprachgewandte sowjetische Kollege, der im Frühsommer an der Florentiner Tagung des erst seit wenigen Jahren bestehenden Europäischen Schriftstellerverbandes teilgenommen hatte, den mit kleinen Ringen und Kettchen versehenen blauglänzenden Regenmantel! Und wie viele bewundernde Augen folgten ihm auf dem Weg zur Garderobe, aus dem Lokal! Bölls langhaariger grauer Lodenmantel lenkte manchen begehrlichen Blick auf sich, und die Fahrstuhlfrau im Leningrader Hotel berührte sogar einmal, als ich ihr einziger Gast war, mit ganz sachter, beinahe zärtlicher Geste den Revers meines Mantels und sagte ein anerkennendes: »Chorosch, chorosch!« (Gut, gut!) Man trifft kaum den Kern dieses Staunens, wenn man es als kindische Anbetung alles *Westlichen* auslegt. Der Wunsch, das Bedürfnis zielen tiefer. Die Menschen möchten nicht nur qualitativ besser, sondern auch *schöner* gekleidet sein. Sie möchten ihr Zuhause anziehender gestalten, ihre Kinder netter anziehen. Sie beneiden die wenigen Glücklichen, die ins Ausland reisen dürfen und niemals ohne eine augenfällige Bereicherung ihrer Kleidung oder Wohnung zurückkehren. Es fehlt ihnen nicht an Schönheitssinn, nicht an Grazie und Eleganz. Die sowjetischen Tänzerinnen und Turnerinnen gehören zu den anmutigsten Erscheinungen ihres Geschlechtes. Es fehlt ihnen an Gelegenheit, an Materialien. Der ungeheure Aufwand, zu dem sich die sowjetische Politik nach dem Kriege im Hinblick auf militärische Aufrüstung, Raketenforschung, Atombombenproduktion und so weiter entschlossen hat, läßt gewisse Lebensbereiche nur sehr spärliche und sporadische Fortschritte machen. Schönheit, Anmut, Geschmack, Erlesenheit haben fürs erste noch Seltenheitswert und stehen, wo sie vorgeführt werden, meist im Dienste propagandistischer Effekte. Die politische Schule, die *alle* für den Genuß dieser Welt reif machen wollte, hat das Schöne in den Ausnahmezustand versetzt, ihm geradezu – durch Mangel oder Seltenheitswert – sakramentalen Charakter verschafft.

Die große Frage aber stellt sich, ob diese Mangelerscheinung allein für den *russischen* Kommunismus kennzeichnend ist, der riesige Massen aus Armut, Leibeigenschaft und Unbildung zum Alphabetismus, zu einer gewissen Grundbildung und zu bescheidenem persönlichen Selbstbewußtsein führen mußte, oder ob sie – ausgehend vom sowjetischen Führungsanspruch – sich wie ein Mehltau, eine schleichende Pilzkrankheit, auf alles Leben legten, das in den Macht- und Einflußbereich der kommunistischen Praxis fällt. Die Idee, die Ideologie proklamieren gerade das Gegenteil. Die Wirklichkeit aber mutet oft wie ein Verrat dieser Idee an. Heißt Kommunismus (wobei man von der besonderen propagandistischen »Spitze« absehen muß) unter allen Bedingungen und zunächst einmal: Niveauverlust, Geschmacklosigkeit, Unästhetik, Spießbürgerkunst?

Diese Frage beschäftigte mich in diesen Wochen auf eine geradezu erregende Weise. Es gab zahllose Beispiele für das elementare Verlangen dieser Menschen nach Kultur. Ihr Interesse für Bücher wurde selbst auf der Straße sichtbar, wenn sie an den »Bouquinisten-Tischen« blätterten. Ihre Begeisterung für Theater und Musik, ihr Drang in die Museen, Galerien und Gedächtnisstätten, ihre Hochachtung vor dem Phänomen der Kunst und der Person des Künstlers, die wohlfeile Erreichbarkeit alles Künstlerischen und Geistigen – Bücher, Noten, Drukke, Schallplatten waren zuweilen für ein Viertel oder gar ein Sechstel uns gewohnter Preise zu haben –, die enorme Begünstigung des Schul- und Bildungswesens – alle diese Neigungen und Möglichkeiten ließen den außerordentlichen Hunger fühlen, den dieses Volk nach dem Schönen zu erkennen gab. Warum schlug sich dies so wenig im äußeren Bilde nieder?

Manchmal wollte mir scheinen, als sei es wie im Märchen mit dem Aschenputtel: die hochfahrenden, eitlen, verzogenen Töchter Westeuropas und die kessen, aufgedonnerten amerikanischen Girls flanierten als Favoritinnen auf der Straße, indes die eigentliche Erwählte in der Herdasche sitzen müßte, damit nur ihr Wert und ihre Berufung nicht offenbar würden. Es mag den Konkurrentinnen gefallen oder nicht, daß das sowjetische Aschenputtel so wenig ansehnlich und anziehend wirkt, wenn ein Fremder es zu Hause aufsucht – seine Rolle zu verändern und zu verbessern, steht ausschließlich in der Macht des Sowjetkommunismus. Das großsprecherische Gerede von der Überbietung westlichen oder gar amerikanischen Lebensstandards nimmt sich angesichts des Erreichten – so respektabel es *relativ* sein mag – wie strafwürdige Volksverdummung aus.

Auf solchem grauen Grunde, den nicht einmal ein wenig Herbstsonne aufhellte – Moskau hatte schon einen völlig verregneten Sommer hinter sich –, hoben sich die festlichen Stunden an den Abenden um so denkwürdiger ab. Wenn die Lichter entzündet wurden, wurde auch das graue Moskau etwas farbiger und wärmer, selbst wenn es, gemessen an dem Lichter- und Farbenaufwand, den westliche Großstädte treiben, ein bescheidener Aufwand war. Es erging mir dann mit den Moskauern wie mit ihrer Untergrundbahn.

Wer hätte sie nicht, so oder so, rühmen gehört, diese überdimensionale, superwestliche und dabei gigantisch verkitschte Untergrundbahn, hätte nicht immer wieder Einzelheiten und Ausschnitte in Magazinen jeden Geschmacks angetroffen – man durfte fast schon verzichten auf eine persönliche Begutachtung der Wirklichkeit.

Vielleicht nehmen sich die Statuen, der Marmor, die glänzenden Metalle, die Beleuchtungsanlagen usw. wahrhaftig wie eine schreckliche kalte Pracht aus, wenn man sie ohne Menschen betrachtet. Ohne Menschen ist die Pariser Metro – die das Gegenteil von kalter Pracht, nämlich ein warmer Ausdünstungskanal ist – das Äußerste an Häßlichkeit und Gewöhnlichkeit. Aber man muß derartige Einrichtungen wohl im Zusammenhang mit ihrer Funktion sehen. Und da erging es mir mit der Moskauer Untergrundbahn recht merkwürdig. Nicht das Ambiente, sondern die Menschen schienen mir verändert, als ich, dreimal, in den Hauptverkehrszeiten durch die Schlünde eintauchte in die marmorne Unterwelt. An sich hätte eines vom andern abstechen und die Kontraste verstärken müssen – und das hatte ich erwartet. Aber das Gegenteil trat ein: der »festliche« Charakter wurde aufgesogen und teilte sich den Passanten mit. Wenn die Pariser in ihre Metro steigen, scheinen sie unter ihr gewöhnliches Niveau zu gehen. Die Moskauer gewinnen an sozialem Kredit. Ihre Kleider machen weiß Gott keine Leute aus ihnen – die U-Bahn schafft es. Vom Licht überstrahlt, das von den blanken Wänden reflektiert wird, gehen sie beschwingter und lassen sich im Strome mitführen. Ob die Anlage auch technisch ein Extrem darstellt, vermag ich nicht zu entscheiden. Die Entlüftung aber scheint vorbildlich zu funktionieren. Ich glaube, die Moskauer fahren gern in ihrer Metro. Zumindest *dieser* Luxus ist für sie wahrhaft alltäglich. –

Große oder gar luxuriöse Auswahl an Lokalen oder gar Vergnügungsstätten haben die Moskauer dagegen nicht; in dieser Hinsicht macht sich die Ausschaltung privater Initiative wohl besonders schmälernd bemerkbar. Welche köstlichen Blüten sprießen doch auf diesem Felde in allen Ländern der freien Welt wild auf und erfreuen den fremden Reisenden; denn gerade das kleine, sehr individuelle Lokal macht ja aus dem zahlenden einen geladenen Gast. Hier ist alles reglementiert. Aber man bekommt schmackhaftes Essen, wird höflich bedient, und zumeist dürfen die Ohren mitschmausen. Am originellsten wird man, in jeder Hinsicht, in georgischen Lokalen verköstigt, die sich offenbar über alle Verstaatlichung und Schablonisierung hinweg ein Air von Folklore und Stammescharakter erhalten konnten. Ob diese Originalität der Existenz oder gar der Gunst des georgischen Tyrannen Stalin zuzuschreiben ist – wer will das wissen? Ich fühlte mich in georgischen Lokalen am wohlsten.

Es war gewiß nicht Voreingenommenheit, dieser ewige Hemmschuh für echtes Erkennen, die mich hinderte, dieser Stadt Sympathie entgegenzubringen. Sie war erfreulich frei von den schreienden parteipolitischen Werbespruchbändern und Wandverkleidungen, die die Städte der DDR so verschandeln. Ihre Menschen begegneten uns mit Aufmerksamkeit und Freundlichkeit. Ballett und Oper begeisterten uns. Es gab Einladungen die Fülle, und russische Gastfreundschaft, die nicht umsonst sprichwörtlich ist, nahm uns in ihre festen, unentrinnbaren Arme. Was zuweilen eintreten kann: daß man der Reize einer Stadt nicht habhaft wird, weil man keine Führung hat, keine Gesellschaft, keinen menschlichen Teilnehmenden – eben dies war *nicht* der Fall. Wir hatten einen reizenden, oft drolligen, nie aufdringlichen Dolmetscher und Bärenführer, taktvolle und gefällige Kollegen als gelegentliche Gesellschafter und vertrugen uns – als *delegazija* und Kollegentrio – reibungslos wie eine uralte eingespielte Dreifaltigkeit, so daß uns fast schon Bedenken kamen ob der jeweiligen Individualität. Es konnte nicht an den Menschen liegen –; es mußte an der Stadt selbst liegen.

Manchmal auf meinen Gängen trat ich in einen der Staatsläden – eine Großbäckerei, eine Fleischerei – und nahm mir ein paar Nasen voll, um irgend etwas aufzuspüren an Atmosphäre, Würze, Eigengeruch. Es duftete gut, nach warmem Brot und Kuchen, nach frischem Fleisch und geräucherten Würsten. Alles war musterhaft, und es tat wohl, das zu sehen. Ich entsann mich dabei der Fleischerei meines Großvaters in der Altmark, in der mein Vetter, wie alle größeren Handwerksbetriebe enteignet, jetzt Direktor oder Leiter ist, und dachte gleichmütig: darauf kommt es offenbar nicht an; man kann auch als sein eigener Direktor gute Wurst machen. Ich hörte in der Bäckerei – wo man, wie bei Aschinger früher, an Stehtischen Kaffee und Kuchen nehmen konnte – zwei Frauen den Kuchen loben und den Kaffee tadeln. Hätte ich russisch reden können, würde ich gesagt haben: Liebe Damen, der Kaffee ist wirklich mäßig. Aber riechen Sie doch, riechen Sie doch. Im Himmel könnte es nicht schöner duften!

Ich aß morgens mit Begeisterung meinen Kefir und freute mich an der schwarzen Delegazija am Nebentisch, die schon dasaß, speisend, lächelnd, grüßend, redend, wenn ich hinunterkam, und noch beim Frühstück saß, wenn wir endlich aufbrachen; und wenn wir zum Essen wiederkehrten, saßen sie schon wieder da – speisend, lächelnd, redend, grüßend –, und wenn wir vom Tische aufstanden, saßen sie immer noch da und lächelten uns zu. (Es ist zu befürchten, daß sie – in ihren dunklen Erdteil heimgekehrt – vielleicht nicht mehr ganz sicher sind, ob sie in Moskau in einem Hotel »Peking« oder in Peking in einem Hotel »Moskau« waren.)

Mittags gab es die guten Fisch- oder Fleischsuppen, eine *Soljanka,* schmackhafte Hauptgerichte; das russische Bier ist nicht viel wert, aber georgischer Wein läßt sich trinken, und Wodka heizt gut vor. Und als wir endlich den trockenen Champanskoje entdeckt hatten, erfuhren wir erst, weshalb Kaviar dazu so bekömmlich ist. Ich schlief gut in meinem etwas komischen Alkoven, Kalt- und Warmwasser funktionierten – nein, es kann weder an den Menschen, noch an den Umständen gelegen haben, daß ich Moskau als Stadt wenig abgewinnen konnte. Denn so reaktionär möchte ich denn doch nicht sein und Moskau auf den Kreml und die Basilius-Kathedrale reduzieren.

Die Kathedrale ist originell, ja komisch genug; aber offenbar nur von außen zu betrachten. (Geöffnet ist sie nur im ersten Akt von ›Boris Godunow‹, wenn die Leute sie verlassen – Kirchen sind in der UdSSR möglicherweise nur noch zum Verlassen da.) Und über die Pracht des Kreml kann man sich an Hand von Bildbänden unterrichten. Soviel Geschmack und Kunst, Erlesenheit und Aufwand man dort auch bewundern kann – von Mauern umzirkt, als monströse Reliquie einer mit Schwert und Feuer ausgelöschten Epoche und vorwiegend Schauobjekt, ist dieser Teil Moskaus wie ein verkapseltes Geschoß, das ein Mann von Kriegszeiten her noch in seinem Leibe mitträgt. Eben weil der Bolschewismus, der in Leningrad die Macht eroberte, sein Schwergewicht und seinen Ehrgeiz nach Moskau verlegte, scheint es mir verfehlt, die Metropole des heutigen Rußland von den Zinnen des Kreml aus zu betrachten. Es wird von der Entwicklung des Kommunismus und seinen Ansprüchen an sich selbst abhängen, ob das Neue sein Gesicht finden wird oder ob es sich widerwillig mit der Totenmaske des Alten dekorieren muß.

Wenn ich mich heute, lange danach, dieser Stadt entsinne und absehe von dem großen Roten Platz, der sich über ihn auf das Lenin-Mausoleum zubewegenden Menschenschlange und den Gebäudekomplexen des Kreml dahinter, und nach jenen summierenden, oft recht beschränkten oder seltenen Augenblicken frage, in denen sich Charakter, Reiz und Atmosphäre einer Stadt und Wesen ihrer Bürger ausdrücken, so sind mir deren vor allem zwei gegenwärtig, und beide klingen an jenes Puppenmotiv an, das sich mir schon in den ersten Tagen aufdrängte.

Die eine Szene spielte sich am Ende der Reise ab, als wir, vom Schwarzen Meer zurückkommend, Moskau im Taxi durchfuhren und eine Reifenpanne uns zum Halten zwang. Während der Ersatzreifen aufmontiert wurde, ging ich hundert Schritte zurück, wo ich eine Traubenverkäuferin stehen und eine Gelegenheit ersah, meinen Appetit auf Trauben, den ich groteskerweise am Schwarzen Meer nicht hatte stillen können, endlich zu befriedigen. Ich schloß mich an die kleine Schlange an und beobachtete die frostbäckige Poshaluista, wie sie mit Sorgfalt und Redlichkeit ihre Kunden bediente. Sie hatte sehr schöne rumänische Trauben, ausnahmsweise Handelsware I, würde ich sagen, unter denen sie stets die besten heraussuchte, und ich verfolgte ihr Tun mit zunehmendem Gefallen und Vergnügen, was sie wohl während einiger Aufblicke erspürt hatte. Gerade als ich an die Reihe kam, tauchte die Meisterin auf: der Reifen sei montiert.

»Ich glaube, er lacht mich aus«, sagte die Poshaluista zur Dolmetscherin. »Sagen Sie ihr, daß ich sie nicht auslache«, lautete meine Antwort. »Ich freue mich, weil sie so schöne Trauben hat und ihre Arbeit so ruhig und sorgfältig verrichtet, daß man immer nur mehr Appetit bekommt.«

Sie lächelte mir zu und begann die Auslese: ein Kilo für 90 Kopeken. Während der Arbeit kam eine ältere Kollegin, die ihr wohl hätte helfen sollen. »Geh, mach dich davon, an den Ofen. Es ist genug, wenn eine friert«, meinte sie gutmütig. »Ich mache das schon allein.«

Und dann war das Kilo fast voll, und da wir eilig waren, bedeutete ich ihr meine Zufriedenheit. Aber sie machte eine zur Geduld mahnende Bewegung, holte unter dem Tisch eine neue Kiste hervor, füllte das Kilo auf und wollte es mir – mit zehn Kopeken Rest – überreichen. Als ich aber abwinkte (weil ich ihr den Rest lassen wollte), suchte sie noch eine besonders schöne Traube aus der Steige und wog den Rubel korrekt aus.

»Laß dir's schmecken, Söhnchen!« sagte sie freundlich. »Es sind wirklich schöne Trauben. Iß sie mit Verstand ...«

Die zweite Szene spielte sich in einer der Straßenunterführungen ab, die zuweilen den Verkehr unter den großen Plätzen Moskaus hindurchschleusen.

Ein Losverkäufer saß da, an einem Pfeiler, vor sich ein Tischchen mit einer Lostrommel, und vor dem Tischchen standen zwei kleine Mädchen von etwa fünf oder sechs Jahren und hinter ihnen wohl der Vater. Die beiden Mädchen waren angezogen wie zu Großmutters Zeiten – es war Sonntagvormittag; wahrscheinlich kamen sie vom Lande. Die kleinen runden Gesichter, von Kopftüchern eingerahmt, glühten vor Begeisterung; denn sie durften die Lostrommel mit immer neuem Wuppdich in Bewegung setzen.

»Dawai, dawai!« ermunterte der Losverkäufer und spornte die beiden antiquarischen Puppen an. »Vorwärts, feste, feste!«

Der Vater stand dabei und lächelte. Der Losverkäufer, der vielleicht gar kein Los an ihn verkauft hatte, lächelte. Und die beiden Puppen wetteiferten strahlend in unermüdlichen Anschlägen miteinander. Rechts und links lief der Mahlstrom des Verkehrs. Die Trommel drehte sich, die Lose sprangen.

Die Zeit stand still.

Unsere Kollegen

Von allen russischen Kollegen, die mir im Laufe dieser Wochen begegneten, hat mir Konstantin Simonow den nachhaltigsten und originellsten Eindruck gemacht, obwohl ich bis zu dem Tage, da ich ihn kennenlernte, keine Zeile von ihm gelesen hatte. Ich empfand Verehrung und Respekt – empfand sie vom ersten Augenblick an, da ich ihn sah – für den alten Konstantin Paustowskij und für seine feine, zurückhaltende und überzeugende Erzählweise, in der sich das Alte mit dem Neuen beinahe nahtlos verbindet. Er war ja einer der wenigen Überlebenden aus der Generation der Babel, Mandelstam und Majakowskij, und seine zierliche Gestalt war von Tragik umhaucht. Mutet es schon merkwürdig und bewegend an, alte Männer von Frühverstorbenen gleichen Ranges sprechen zu hören, so berührt es um so bedrängender, den Zeit- und beinahe Schicksalsgenossen von Verfolgten und Ermordeten zu begegnen. Aber Simonow, so hatte ich den Eindruck, war auf seine Art auch ein Überlebender, auch ein guter Künstler, mehr Lebenskünstler vielleicht, ein Mannsbild von Format, eine vitale »Intelligenzbestie« möglicherweise, wenn man die Intelligenz (oder Schlauheit) und die Vitalität auf je eine Schale der Waage verteilt. Denn zunächst einmal war jeder Zoll an ihm männlich. Dies war ein Kerl, ein Filou . . . Steshenskij erzählte hernach, daß er die vierte Frau habe, daß er außer der Moskauer Stadtwohnung natürlich eine Datscha besitze – übrigens auch die vierte, da er je eine der vorher ihm gehörenden Datschen an jede der ihm vorher zugehörenden Frauen bei der Scheidung habe abtreten müssen –, dazu einen Gärtner, einen Chauffeur, einen Diener, ein Hausmädchen und – von der vierten Frau – zwei Kinder, die wir zwar nicht sahen, aber einige Male hörten, weil sie in ihrem Schlafzimmer »Tiger und Schlange« spielten, als wir an Simonows reichgedecktem Tisch saßen, den seine blonde, vielleicht fünfunddreißigjährige Frau überreich gerichtet hatte. Die ganze Wohnung hatte Stil, vorwiegend georgischen oder kaukasischen, denn Simonow hatte zehn Jahre lang, obwohl er nicht Georgier zu sein behauptete, in Georgien gelebt – zu Stalins Zeiten nämlich.

Wir fragten ihn natürlich nicht nach den Gründen dieses längeren Fernbleibens von Moskau. Seine ganze Art verbot eigentlich gezielte Fragen. Man fragt einen glänzenden Äquilibristen nicht danach, ob er nachts auf der linken oder der rechten Seite schläft. Ein Schriftsteller kann wohnen und arbeiten, wo er will (*sofern* er es kann), und Georgien ist wohl das sowjetische Bayern, die russische Riviera. In Zeiten der Gefahr bleibt edles Wild gern im Dickicht.

Was verlangt man von einem Schöngeist, einem Künstler, unter dem Zepter eines Tyrannen? Daß er öffentlich widersage und attackiere? Simonow kontra Stalin? Wie das ausgeht, ist bekannt. Es bereichert die Liste der Gedenktage; den Tyrannen hebt es nicht aus dem Sattel. Da lobe ich mir das Widersagen und die Attacke in einer modernen Republik wie der unsrigen. Der Effekt gleicht jenem wie ein Ei dem anderen: es ändert sich nichts. Aber – der Schöngeist behält wenigstens sein Leben.

Es ist nicht leicht, unter gut hundertfünfzig Schriftstellern, wie wir sie an dem offiziellen Diskussionsabend im Haus der sowjetischen Schriftsteller versammelt sahen, einen Typus zu kreieren, der, wenn auch nur teilweise, vorbildlich wäre. Ich sah mich um; aber ich entdeckte keinen wie diesen Simonow. Dunkler Teint, athletische Figur, apartes Schuhzeug (irgendeine Wildlederart), schwarze Hose, anthrazitfarbener Pullover, kurz geschnittenes graumeliertes Haar – alle Modejünglinge hätten sich wie Strichjungen neben ihm ausgenommen. Und die Tafel umgab ihn wie ein Rahmen. Die Wodkagläser hatten keinen Fuß – er hatte sie aus Paris mitgebracht –, darum also standen sie kopf und mußten auf einen Zug geleert werden. Die anderen Gläser waren normal zu füllen und zu leeren; die verschiedenen Flaschen, meist georgischen Ursprungs, standen bereit. Dazu Gefäße mit teuflisch scharfen beziehungsweise belebend gewürzten Mischungen, Holzplatten mit aufgeschnittenen Wurst- und Fleischsorten, eine aparte Schüssel mit besonders zubereiteten Auberginen, mit einer Makrelenart, mit Salaten zunächst undefinierbarer, aber attraktivster Natur ... In konventioneller Rede sagt man: die Tafel bricht. Aber einmal sah ich noch nie eine zusammenbrechende Tafel und zum anderen nie eine von solcher Urwüchsigkeit, von solch anheimelnder barbarischer und gaumenanregender Vielfalt. Wenn Konstantin Simonow auch kein Kaukasier war, so hatte er doch von dort nicht nur die verschiedenen dekorativen Zu-, Unter- und Aufsätze, Bei- und Auflagen mitgebracht, sondern auch die überzeugende Art und Weise des Genießens, der Gastfreundschaft. Ich mußte mir im stillen sagen, daß eine bestimmte Kategorie von Mensch –

sollte man nicht sagen: Gott sei Dank? – allen niederträchtigen Anschlägen und Gefährdungen enthoben ist durch ein überlegenes Temperament, durch die Gunst der Musen, den Stand ihres Sterns. Ich bezweifle, daß die Feigheit ein Plädoyer wert ist. Die Klugheit verdient gewiß eines.

Es war der erste Abend in einem »privaten Haushalt«, der erste zugleich, an dem mir russisches Wesen zu einer eindringlichen Erfahrung wurde, und nicht nur, weil es so vielfältig und gut zu essen und zu trinken gab – obwohl auch das im wahrsten Sinne des Wortes »besticht«. Wenn die Russen geben, scheinen sie weder zu zählen noch zu wägen. Und wo sie auf Vorbehaltlosigkeit treffen, lassen sie sich nicht beschämen.

Obwohl es mit der unmittelbaren Verständigung etwas haperte, weil Simonow – im Gegensatz zu seiner Frau, die ganz gut französisch parlierte – über keine besonderen Sprachkenntnisse verfügte, waren wir innerhalb einer Viertelstunde eine vergnügte Kumpanei.

»Was macht der Schriftstellerverband?« fragte er Steshenskij, der ihm wohl eine belanglose und zufriedenstellende Auskunft gab. »Da gibt es eine Treppe im Haus, auf der sich schon einmal ein Zar ein Bein gebrochen hat«, erzählte Simonow, ein paar Oliven zermalmend. »Könnten sich auch andere Leute vielleicht noch ein Bein brechen«, schloß er kopfnickend. »Sogar den Hals kann man sich auf einer Treppe brechen ...« sagte ich anzüglich.

»Erst mal mit Bein probieren; genügt vielleicht schon«, war die lächelnde, vielsagende und dabei recht humane Antwort.

Er goß uns reichlich ein, aß selbst mit offenbarem Genuß, empfahl dies und jenes, tat auf, bändigte zwischendurch zweimal »Tiger und Schlange«, fragte, erzählte ein wenig von Reisen und Bekannten. Niemand, der mit an unserem Tisch gesessen hätte, ohne über unsere Gesellschaft unterrichtet zu sein, würde auch nur erahnt haben können, daß hier Literaten beisammen waren. Von allen möglichen Dingen war die Rede, nur nicht von der Literatur. Wahrscheinlich hatte er nie von Thornton Wilder gehört: Schriftsteller sollten nicht soviel mit Schriftstellern zusammen sein, sie sollten lieber mit Milchmann und Gemüsefrau sprechen – aber es sah ganz so aus, als lebte er nach solchem Wort.

Natürlich trank er uns etliche Male zu, und einmal trank er auch »auf deutsche Wiedervereinigung«, ohne Augenzwinkern, ohne Einschränkung, ohne Erläuterung.

Es war das einzige Mal in diesen Wochen, daß ein Sowjetbürger das leidige Problem der deutschen Teilung überhaupt berührte, wahrscheinlich weil jeder sich scheute, dies heiße Eisen anzufassen und dabei – so oder so – einen Mißgriff zu tun. Dieser Mann tat es auf die einfachste Art von der Welt und leistete damit doch eine Geste von echter Herzlichkeit – ohne sich die Finger zu verbrennen.

Mich wunderte es im stillen ein wenig, daß er, der Vielgereiste – in zwei Tagen brach das Ehepaar nach Paris und dann Neapel auf –, über relativ geringe Sprachkenntnisse verfügte. Hatte er keine höhere Schule besucht?

Zwölf Stunden später saßen Gerlach, Böll und ich in einem Raum, in dem – vor fünfundzwanzig Jahren – auch Konstantin Simonow gesessen hatte: im Maxim-Gorki-Institut für angehende Schriftsteller. Am Ende dieses Besuches wurden uns die Namen der erfolgreichsten Schriftsteller dieser »Dichterschule« genannt; darunter auch der seine.

Ein Gorki-Denkmal steht vor dem Institut, das, ähnlich dem Sitz des Schriftstellerverbandes, in einem alten Moskauer Gebäude untergebracht ist. Der Direktor, ein schlanker, vermutlich kriegsbeschädigter, zwischen Mißtrauen und Ironie hin- und hergeschleuderter Vierziger, empfing uns und erläuterte zunächst den Sinn dieser Dichterschule, welche Spätberufenen und vorwiegend aus anderen Berufen kommenden Talenten den Weg zu dem erstrebten Schriftstellerberuf ebnen will. Natürlich (ein Lächeln) seien Genies (ironisches Auflachen) nicht an der Tagesordnung. Aber die Aufgabe (nachdenkliche Sammlung) sei gestellt und müsse mit mehr oder weniger Geschick (entschuldigendes Lächeln) gelöst werden. Ob er uns seine Mitarbeiter vorstellen dürfe . . . Und dann kamen sie herein, drei oder vier Herren verschiedenen Alters, gewiß auch verschiedener Intelligenz, von denen einer fließend Deutsch sprach, der sich unser mit beflissenem Eifer annahm; und wir gingen allesamt in die um elf Uhr beginnende Unterrichtsstunde, die durch unseren Besuch den Charakter einer festlichen Inspektion erhielt.

Das war nun wirklich ein Eindruck einmaliger Art, und sowohl den Schriftsteller wie den Menschen in mir ergriff ein nicht näher zu erklärendes Erschrecken vor dieser aus ehemaligen Matrosen, Soldaten, Arbeitern jeglicher Art und Rasse und beider Geschlechter bestehenden Ansammlung von »Proletariern«, die sich entschlossen hatten, Schriftsteller zu werden. In manchen Augenblicken, an manchen Plätzen und Orten der

Reise empfand ich den klassenkämpferischen Charakter dieses Staates; aber an keinem trat er so herausfordernd, bedrängend, umwälzend in mein Bewußtsein wie in dieser Vormittagsstunde. Ohne auch nur einen Anflug von Hochmut (es war eher Mutlosigkeit, die mich umklammerte) empfand ich fürs erste in dieser Zusammenrottung von scheinbaren Musenvergewaltigern und zum Dichten Entschlossenen Furcht. War das nicht ein geradezu zum Himmel schreiendes Mißverständnis der Kunst? Eine Schulklasse von rund vierzig Fünfundzwanzig- oder Dreißigjährigen, die Autos repariert, Maschinen gebaut, Vieh geschlachtet, Brot gebacken, Waffen bedient, Straßen gepflastert, Kranke gepflegt, Hemden genäht hatten und nun das ABC bis zum XYZ der Schriftstellerei lernen wollten, um die Welt mit Gedichten, Novellen, Romanen, Theaterstücken zu beglücken?

Wir wurden begrüßt und vorgestellt, und dann erging an die Schüler der Dichtkunst der Appell, Proben ihres Talentes zu geben.

Ein ehemaliger Matrose aus Leningrad meldete sich zuerst, ein sympathischer, gutgewachsener Bursche, der mit herzhaftem Pathos ein Gedicht von sich vortrug, dessen Thematik mir entfallen ist. Auch der Kalmücke oder Mongole, der sich anschließend zu Wort meldete und dessen Verse auch für die Mehrzahl der Schüler, die Russen waren, übersetzt werden mußten, hat in meinem Gedächtnis nicht mehr als eine Erinnerung an seine überernsten Züge und seine leicht gehemmte und stoßweise Vortragsart hinterlassen.

Aber dann kam ein halber Neger, Russe in der ersten Generation und (wie später verlautete) gern verwendeter Statist für Filmnebenrollen exotischer Natur, der mir eine Woche später, in Zarskoje Selo, wieder ins Bewußtsein trat, als wir die Bilder des Mischlings Puschkin sahen. Er trug das Gedicht seines Lebens vor: Ich habe zwei Mütter – Rußland und Afrika. *»J'ai deux amours: mon pays et Paris.«* Auf einmal hörte ich die Stimme von Josephine Baker und lauschte dem redlichen Vortrag des Filmstatisten gern. Dann aber erhob sich eine nicht mehr ganz junge, sehr blasse, etwas verkümmerte und zugleich fanatisch aussehende Proletarierin, einzige Überlebende einer im Kriege verschleppten, getöteten oder umgekommenen Familie, und sprach eine Art Nekrolog auf ihre »von den Faschisten ausgerotteten Eltern, Schwestern und Brüder«. Der Text wurde uns erst hernach übersetzt; aber der Inhalt und die Tendenz teilten sich mir beinahe körperlich während des Vortrages mit. Es war eine Anklage gegen uns – vielleicht eine, deren Vortrag mit dem Leiter der lyrischen Sektion besprochen war; vielleicht auch eine, die aus dem persönlichen Entschluß dieses Wesens kam, das in dieser Stunde ihre Anklagen sprechen wollte ... Das war nicht nur eine fremde Welt, der wir uns gegenübersahen; mir wollte sie auch feindlich erscheinen. Aber können drei deutsche Schriftsteller von einer proletarischen »Dichterin«, die als einzige aus ihrer Familie den Vaterländischen Krieg gegen die deutschen Eindringlinge überlebt hat, ein Gedicht über den Vollmond oder die betörende Stimme der Nachtigall erwarten? Der Marxismus glaubt an die Manipulierbarkeit des Menschen in jedem beliebigen Sinn; warum sollte er nicht auch an gewisse Aneignungstalente glauben, selbst im Bereich der Kunst, die – zumindest unter Planern und Funktionären – als erlernbar oder nachahmbar gelten mag? Ein Zweihundertdreißig-Millionen-Volk braucht Lesestoff. So gewillt es immer sein mag – mit Literatur à la Joyce und Pound, Ionesco und Beckett wird es kaum etwas anfangen können. Der Schriftsteller in der Sowjetunion ist kein Außenseiter, kein Hofnarr oder Faschingsprinz, keine Absurdität; kaum ein Artist. Er soll Wege weisen, vorangehen – und die Klugen brauchen einen Klügeren und die einfachen Naturen einen tüchtigeren Einfachen. Hat auf einer dieser Bänke einst Simonow gesessen, so sitzen andere mit gleichem Recht darauf. Man wird sehen, mit welchem Erfolg. Wer will wissen, ob sich unter den dreißig, vierzig Außenseitern der proletarischen Gesellschaft nicht zwei oder drei Talente befinden, die über diese Dichterschule zu kritischem Verstand, zu Vergleichen, zu Maßstäben und schließlich auch einigen Ergebnissen kommen? Simonow hatte sich hier die Grundregeln der Schreibkunst angeeignet; ebenso einige andere, die es zu Namen und Erfolg gebracht haben und uns, gewissermaßen als kleine Schutzheilige des Instituts, mit einigem Stolz genannt wurden. Und hätte man sich zur Not nicht auch auf den stets mit Ehrfurcht und Bewunderung zitierten Goethe berufen können?

»Eines schickt sich nicht für alle!
Sehe jeder, wie er's treibe,
Sehe jeder, wo er bleibe ...«

Auch Schriftsteller gehören in der Sowjetunion zum Volk, wie immer man es verstehen mag. Und fast immer, einige wenige ältere Überlebende ausgenommen, stammen sie auch aus der Masse: Simonow, Rosow, Nekrassow, Jewtuschenko.

Selbst der relativ hohe jüdische Anteil unter den Literaten – die Gesamtbevölkerung der UdSSR zählt etwa ein Prozent Juden, die Schriftstellerschaft dagegen zehn Prozent – verändert das volkstümliche Bild nicht, das zum Beispiel die gut hundertfünfzig sowjetischen Literaten abgaben, denen wir uns am fünften oder sechsten Tag unseres Aufenthaltes gegenübersahen. Nur die generelle Regellosigkeit der Typen verband diese sowjetische Gesellschaft von Literatur mit einer von »kapitalistischen« Schriftstellern; es gab physisch und physiognomisch sehr voneinander verschiedene Damen und Herren – alle aber einte (ob erzwungen oder freiwillig, mag offenbleiben) der Nenner der Weltrevolution, die sich in Organisationen, Gewerkschaften, Verbänden auf das bürokratischste etabliert hat. Ein Homme de Lettres, etwa nach dem Muster der Herren, die der Académie Française angehören, und ein sowjetischer Schriftsteller unterscheiden sich voneinander wie ein schottisches Windspiel von einem ungarischen Hirtenhund. Der normale, »sterbliche« Literat in Rußland hat eine Funktion zu erfüllen – man denke an Stalins Wort von den »Ingenieuren der Seele« (wobei das Wort Seele in diesem Zusammenhang eigentlich einen sentimentalen Kobolz in abgelegte bürgerliche Vorurteile darstellt). Er ist eine Art staatlicher Angestellter im einfachen, im gehobenen Fall ein Beamter des Staates, der dann weniger arbeitet, aber größeren Einfluß und eine führende oder kontrollierende Funktion ausübt. Nur der wahrhaft »Unsterbliche«, der auch außerhalb von Einflüssen und Funktionen mächtige und vermögende *Könner* ist der Sorge ein wenig enthoben, kleine, aber notwendige Zweckarbeiten zu liefern. Sein Talent ist Repräsentanz über alle kleinen Zwecke hinaus; er lebt im Grunde am wenigsten angefochten und belästigt, sofern er »klug« genug ist. Wo andere ein ganzes (schwaches) Tendenzstück schreiben müssen, um sich als nützliches Mitglied der kommunistischen Gesellschaft auszuweisen, darf er ein gutes tendenzloses schreiben – ein gefälliger Nebensatz, den ein Kutscher sagt, kann dem politischen Soll möglicherweise genügen, wenn er nur nicht »staatsgefährdend« auftritt. Und war es nicht immer so? Am politisch gefälligsten müssen immer die Kleinen und Mittelmäßigen sein, die sich durch Hörigkeit einen Aufstieg erdienen müssen. Größeres Können bringt immer größere Freiheit. Der »joviale Mordwanst« Göring hätte sich, wie er selbst in Nürnberg sagte, sogar mit Thomas Mann eingerichtet.

Das Haus der Schriftsteller war ein neues, ein repräsentatives Gebäude; man führte uns nicht ohne Stolz zunächst in verschiedene Nebenräume, ehe wir auf der Bühne Platz nahmen, an einem längeren Tisch, der jedoch nicht lang genug war, weil jeder einen Dolmetscher neben sich hatte und zwei oder drei »Offizielle« das Gespräch lenkten, das mit den üblichen Fragen begann: nach unseren Kenntnissen der modernen sowjetischen Literatur, nach Tendenzen und Formvarianten der gegenwärtigen deutschen, nach dem Bestehen von literarischen Gruppen oder Strömungen, nach wichtigen Neuerscheinungen, nach den Organisationsformen unserer Schriftstellerverbände und so weiter.

Das ging anfangs recht natürlich und einfach zu: man fragte uns, und wir antworteten. Man fragte auch zweifellos aus Neugierde und ohne Tendenz, etwa uns zu beschämen oder zu verdächtigen. Es war ganz offensichtlich, daß jeder einzelne von uns von der russischen Literatur des zwanzigsten Jahrhunderts mehr Ahnung hatte als unsere sowjetischen Kollegen von der unsrigen. In Moskau und Leningrad wurde uns eine Reihe dringlicher Buchwünsche anvertraut, die darauf schließen ließen, daß den meisten bekannteste deutschsprachige Literatur wie Kafka, Musil, Benn, Frisch unbekannt oder doch unerreichbar war. Man wußte von ihr: aber man konnte sie zum größeren Teil weder erwerben noch einsehen – von der »exklusiveren« ganz zu schweigen. Aber was erfuhren die Moskauer Zeitungsleser und Funkhörer von diesem Sachverhalt? Es ist aufschlußreich, die offizielle TASS-Meldung daraufhin zu studieren, die in folgendem Wortlaut verbreitet wurde:

»Drei westdeutsche Schriftsteller in Moskau
(TASS/deutsch-englisch)

Heinrich Böll erklärte heute seinen Moskauer Kollegen, die, wie er erfuhr, seine letzten Romane *sämtlich* in russischer Übersetzung gelesen haben, er kenne die moderne Sowjetliteratur wenig. Er sprach die Hoffnung aus, daß man in der Bundesrepublik Deutschland mehr sowjetische Bücher übersetzen werde.

Er und zwei andere westdeutsche Schriftsteller, Richard Gerlach und Rudolf Hagelstange, sprachen bei einer Zusammenkunft mit zweihundert Moskauer Schriftstellern im Haus der Literaten über die russische Literatur, angefangen von Dostojewskij bis zu dem vor dreißig Jahren veröffentlichten Roman ›Der stille Don‹ Scholochows.

Böll, der erklärte, er verfolge die Entwicklung der russischen Kultur aufmerksam und sei erstaunt über ihren Reichtum und ihre Mannigfaltigkeit, führte die Aufzählung seiner literarischen Sympathie bis Jessenin, Majakowskij und Babel.

Das Gespräch dauerte etwa drei Stunden. Als ein sowjetischer Schriftsteller Böll einen Zettel schickte, in dem er seine Freude darüber zum Ausdruck brachte, daß der Kriegsteilnehmer Böll diesen Krieg überlebt hat, kam man auf Politik und Krieg zu sprechen. Der westdeutsche Schriftsteller bemerkte, er sei kategorisch gegen den Krieg und freue sich über jeden Menschen, der am Leben geblieben sei. Zu den Stimmungen der westdeutschen Jugend sagte Böll, die Jugend mißtraue dem Spiel, in das man sie hineinzuziehen sucht, und stehe den vergangenen dreißig Jahren sehr skeptisch gegenüber.«

Wie die Armut hier, der Reichtum dort, einmal Mangel, zum anderen bester Wille, die Unkenntnis in diesem, das Wissen in jenem Fall plaziert werden, ist schon bemerkenswert. Noch bemerkenswerter ist freilich, wie man Hitlerjahre und Nachkriegsjahre durch Addition »gleichschaltet«, wiewohl der Unterschied zwischen SS-Staat und Bundesrepublik um ein Vielfaches und Grundsätzliches bemerkenswerter sein dürfte als der zwischen der UdSSR unter Stalin und unter Chruschtschow bestehende. Selbst eine Aufwärtstendenz dort und eine Abwärtstendenz hier können über die elementaren Niveauunterschiede politischer Praktiken, Rechte und Institutionen nicht hinwegtäuschen.

Die Wendung des Gesprächs auf Krieg und Politik ging außerdem vom Podium aus; der wortführende Verbandschef führte sie herbei – man hatte das unabweisbare Gefühl, er entledigte sich damit eines propagandistischen Solls, das auf alle Fälle an sein Amt und seine Eignung geknüpft war.

Er warf wie einen Knochen zwischen friedliche Hunde den Begriff des Revanchismus in das Gespräch, das einmal mehr jene elementare Furcht des Russen vor seinen teutonischen Nachbarn zu erkennen gab, die zwischen den Polen der Eigenempfindung und öffentlicher Beeinflussung, persönlicher Erfahrung und übernommener Besorgnis wie ein ständiger Strom kreist. (Dieses Thema tauchte zu oft, auch in den privatesten Gesprächen und an den unverhofftesten Stellen auf, als daß man es als ausschließliches Leitmotiv antideutscher Propaganda bagatellisieren dürfte.) Natürlich haben wir alle zuviel Furcht voreinander. Das sprach ich auch aus. Das gegenseitige Mißtrauen lähmt die Geister, und der Mangel an Phantasie, die totale Unfähigkeit, sich in die Lage des Gegenübers zu versetzen, seine Sorgen und Erfahrungen für eine Stunde einmal als die eigenen zu empfinden und von *daher* die Reaktionen des anderen zu deuten, steht wie ein steifer Wind gegen jedes Vorankommen. Und sucht sich nicht jeder das Material heraus – und findet es auch –, das er für seinen Monolog braucht? Aber mußten wir hier, im Hause der Schriftsteller, als geladene Gäste, dieses Spiel der Scheuklappenpolitik spielen?

Es *mußte* offenbar gespielt werden, und so wehrten wir uns nach besten Kräften und mit besten Argumenten gegen die Pauschalthesen des Vorstandstisches, gegen das Verfahren, *uns* für ehrenhaft, aber nicht für glaubwürdig zu halten, wenn wir für unsere Landsleute sprachen, gegen die Methode, durch Wiederholung zu ermüden und so den Schein des Rechtbehaltens vorzutäuschen und Gleichgesinnten oder zumindest gutwilligen Kollegen die Rolle fragwürdiger Kontrahenten zuzuweisen.

Aber nicht nur uns, auch denen da unten im Saal, die hier und da in echter Besorgnis ihre Fragen gestellt hatten, wurde es am Ende zu viel. Je hartnäckiger der Vorsitzende – wir sahen ihn übrigens nur an diesem Abend – seine Attacken ritt, je länger er mit immer abgedroscheneren Einwänden konterte, um so mehr verschlossen sich die Mienen seiner bevormundeten Kollegen im Saal. Ich sah Stirnrunzeln und ironische Mundwinkel, opponierend sich verschränkende Arme, Kopfschütteln ...

Auch dem Vorsitzenden entging es nicht, aber um sich zu rechtfertigen, verteidigte er seine Thesen, untermauerte sie, fiel in eine hohle Gestik und redete längst allein – mit vollem Recht, denn es war ein propagandistischer Monolog.

Ich versuchte, einen der Dolmetscher zu einer Zwischeninformation zu bewegen und hörte ihn ärgerlich sagen: »Diesen Unsinn übersetze ich nicht.«

Irgend jemand erhob sich und ging aus dem Saal (es war gar kein »Irgendjemand«, es war ein bekannter Dramatiker); ein anderer rief in den Monolog: »Genosse Vorsitzender, hören Sie doch auf damit!«

»Es sind wichtige Fragen, Genosse! Sehr wichtige Probleme ...«

»Schon, schon – aber Sie haben sich verrannt. Sie argumentieren zu einseitig.«

Ein anderer rief: »Kehren Sie bitte zum Thema zurück. Wir wollten über Literaturprobleme sprechen.«

»Auch das gehört zur Problematik der Literatur heutzutage ...«

Aber er war schon abgeschlagen; es ging ihm nur noch um hinhaltenden Widerstand, um einen leidlichen Abgang. Sein Assistent zog die Aufmerksamkeit auf sich; zwei-, dreimal spielten sie sich den immer schlaffer werdenden Ball im Rückzug noch zu. Ein paar Leute unterhielten sich ostentativ. Dann war das Propagandagewitter abgezogen, der Himmel der Kunst klärte sich; irgendeine kleine, dicke, schwarze Dame erkundigte sich nach der Frauenlyrik in der Bundesrepublik, und zwischen Menschheitsidealen und Auflagenziffern von Gedichtbänden pendelte das Gespräch allmählich in friedlicher Atmosphäre aus.

Aber was will man machen? Wir waren in Moskau, in der Hauptstadt der kommunistischen Bewegung, im eigens erbauten »Haus der Schriftsteller«, – es gehörte wohl einfach zur Weihe des Hauses, daß man den westdeutschen Gästen hier eine Lektion zu erteilen versuchte. –

Die Leningrader Kollegen indessen ließen ihren »zweiten Rang« schon dadurch erkennen, daß sie nur eineinhalb Etagen in einem älteren Bürgerhaus für ihre Repräsentation zur Verfügung hatten; daß sie allesamt mit uns zunächst um einen großen runden Tisch Platz fanden – wie eine Familie, die Gäste hat; daß ihr Vorsitzender Dudin gewiß ein guter Kommunist war – wie wäre er sonst Vorsitzender? –, aber keinerlei Ehrgeiz verriet, uns die Leviten zu lesen, viel eher den, mit herzhaftem Pathos und ausladenden Gesten humane Thesen und eigene Gedichte vorzutragen; daß sie uns – nach der unvermeidlichen offiziellen Introduktion, auf die kein Verlag, kein Verband, kein Institut verzichtet – an die Bar luden und dann wieder an einen gemeinsamen Tisch (einen langen, rechteckigen diesmal), wo sich, bei Kaffee, Kuchen und Kognak, etwas für mich besonders Anheimelndes, Belustigendes, Rührendes und am Ende geradezu Bezauberndes entwickelte, das an die »Lyrische Tafelrunde« erinnerte, welche die zum Geburtstag der Droste nach Meersburg geladenen Dichterinnen deutscher Zunge alle zwei Jahre im

Meersburger Rathaussaal abzuhalten pflegen. In Meersburg fehlt der Kognak, der Kuchen und der Kaffee; dafür gibt es ein Überangebot an Literatur. In Leningrad war lyrischer und anderer Konsum ausgeglichen. Das männliche Element überwog auch bei weitem. Einer der intelligentesten und informiertesten Gesprächspartner war der (heute in Paris lebende) Germanist E. Etkind.

Den Anfang freilich machte auch hier eine jüngere, vielleicht fünfundzwanzigjährige Dame, die ein beschauliches Gedicht vortrug, in dem Tauben, ein Leningrader Platz, belaubte, rauschende Bäume und manch schmückendes Zubehör mehr vorkamen und das in der reizenden, jedermann und jedem Mann verständlichen Zeile gipfelte: »Ich möchte eine Familie gründen.«

Dann trug der Vorsitzende, der mich immer wieder an einen in Fahrt gekommenen Matrosen erinnerte, der auf der »Großen Freiheit« in Hamburg eine Runde nach der anderen spendiert, ein thematisch erstaunliches Gedicht vor, eine gereimte Ballade, die von einem Soldaten handelte, der in einem Kino sein Schicksal von einem Schauspieler gespielt und abgewandelt sieht und sich – nach mancherlei kritischen Gedankengängen – entschließt, sein Schicksal ohne oder gegen die Filmvorlage zu Ende zu spielen. Er schnarrte und grollte, gestikulierte und skandierte, daß es nur so rauschte. Aber trotz allem wirkte er keineswegs lächerlich. Die Russen haben ja ein Pathos, das, so merkwürdig und überzogen es manchmal anmutet, auf rätselhafte Weise unangreifbar, unverwundbar ist.

Da einige fließend deutsch sprachen und die lyrische Ader zu fließen begonnen hatte, mußten auch Gospodin Gerlach und ich unser Scherflein beitragen, und da jedes Gedicht Zeile für Zeile gewissenhaft und, wie mir schien, recht gut übersetzt wurde, wuchs das gegenseitige Verstehen zur Sympathie an. Mein Gegenüber sprach sehr gut deutsch; der Nebenmann ließ sich meine Rede zumeist von ihm übersetzen. Als ich jedoch unbeabsichtigt einige Sätze ohne Rücksichtnahme in deutscher Sprache gesagt hatte und innehielt, um Zeit zum Übertragen zu lassen, sagte der Sprachgewaltige: »Reden Sie ruhig deutsch weiter. Er muß nicht alles verstehen, was wir reden.« Und so gab es über das allgemeine Palaver noch da und dort ein recht persönliches Gespräch, in dem es weder um Rechthaben noch um Belehrung ging, sondern allein ums Gespräch. Das ganze Elend dieser Welt ist ja dies: daß diejenigen, die einander etwas zu sagen haben, keine Gelegenheit zum Gespräch finden, und diejenigen, die miteinander sprechen sollten, sich nichts zu sagen haben.

Mein Matrose, der Vorsitzende, sorgte indessen dafür, daß auch die Stimme der Gemeinschaft nicht verstummte. Er erzählte Späße aus der Praxis des Schriftstellerverbandssekretärs, der unter mancherlei Aufgaben auch die hat, bei Todesfällen von Mitgliedern für Klärung der anfallenden geschäftlichen und technischen Probleme zu sorgen.

»Hatten wir mal einen Schriftsteller, der sehr groß war, aber keiner wußte genau, wie groß – ob 1,94 Meter oder 1,99 Meter oder 2,01 Meter gar. War auch lange krank und vielleicht inzwischen etwas eingeschrumpft. Zeiten waren noch schlecht, Sparsamkeit dringend empfohlen, Sarg mußte in diesem Fall länger vorausbestellt werden. Geht unser Verbandssekretär zum todkranken Kollegen, deckt ihn auf und zu, redet gut zu, macht Kissen glatt und sagt ermutigend: ›Alles wird noch gut, lieber Freund, alles wird gut werden‹ – und hat dabei unauffällig mit Zollstock Maß genommen.«

Rechts neben mir sitzt die russische Übersetzerin von Rilke. Sie trägt noch schwer daran, daß ich am runden Tisch auf ihre Frage nach dem Einfluß Rilkes aufrichtig, aber ahnungslos von einer stark absinkenden Rilkemanie gesprochen habe. Als ich mich bereit erkläre, ein Gedicht von ihr meinen Landsleuten in besserem Deutsch, als sie zu sprechen glaubt, zu übersetzen, ist mein *crimen laesae majestatis* gesühnt.

»Er ist doch ein großer Dichter – glauben Sie nicht?« fragt sie, wieder hoffnungsvoll gestimmt.

»Ein sehr großer sogar ...« bestätige ich kopfnickend. »Ich war einige Male an seinem Grab.«

»Oh! Was Sie sagen ...«

»Ich habe in seinem Arbeitszimmer gearbeitet.«

»Nein – wirklich? In Muzot etwa?«

»In Muzot.«

»Oh, dort hat er die Elegien zu Ende geschrieben, die ich übersetzt habe«, sagt sie; es klingt, als habe Rilke sie eigens für diese Übersetzung geschrieben.

»Es war ein Sturm ...« zitiert sie und fährt fort: »Es muß ein Sturm gewesen sein. Er hat tagelang nichts gegessen, denken Sie!«

»Er hat seine Mahlzeiten eingenommen wie immer. Einige Male ist er zehn Minuten später zum Abendessen heruntergekommen.«

»Wie wollen Sie das wissen?!« Sie ist beinahe empört.

»Seine Haushälterin hat es mir erzählt, die Frieda Baumgartner!« sage ich freundlich. »Meinen Sie, es kommt auf die Mahlzeiten an?«

Nein, darauf kommt es gewiß nicht an. Aber sie muß diese ernüchternde Wahrheit erst verdauen. Schließlich sagt sie: »Er hat Rußland sehr geliebt.«

»Er reiste in angenehmster Gesellschaft.«

»Er hat Rußland verstanden.« Jetzt glaubt sie, das rechte Wort gesprochen zu haben.

»Er hat es verstanden«, bestätige ich.

»Wer es versteht, muß es lieben«, sagt sie leise, aber fast apodiktisch.

Dann jedoch nimmt ein anderes Thema unser beider Aufmerksamkeit in Anspruch: der ehemalige Panzerschütze und derzeitige Lyriker Sergej Sergejewitsch Orlow – er trägt wegen erlittener Gesichtsverbrennungen einen Vollbart – erhebt sich und wird ein längeres Gedicht sprechen.

Es könnte eines sein gegen die faschistischen Horden oder die SS-Banditen, denen er sein verunziertes Gesicht zu verdanken hat. Oder ein weltanschauliches und revolutionäres, zum Beispiel ein lyrisches Denkmal für Lenin – wir sind schließlich in Leningrad.

Aber nein. Der lyrische Panzerschütze a. D. hat ein reizendes Poem geschrieben auf eines der Kernmaterialien der russischen Ernährung, den zu spaltenden Globus der sowjetischen Küche, den Kohlkopf.

Wer die Gerichte und Suppen geschmeckt hat, die dieses Gewächs gehaltvoll macht und anreichert, und seine Nähr- und Würzkraft, Symbolträchtigkeit und seinen Substanzreichtum zu würdigen weiß, kann dieses Gedicht nicht hören, ohne des Ausspruchs der Rilke-Übersetzerin zu gedenken: Wer Rußland versteht, muß es lieben.

Die Kohlsuppe

Ein aus dem Gemüseladen erstandener
Kopf Kohl – das ist geballte
Poesie, wenn auch keine gefeierte,
da sie ja nur einem – Kohlkopf entstammt.

Ein Kopf Kohl – das ist Gold
von Regenfällen, von taumelnden, heißen,

widerborstigen, in der Sonne zerbröselnden Tagen,
knirschend zu einem Knäuel gepreßt.

In ihm ist das Lied der Vögel, der Umtrieb der Winde,
des Schattens Kühle, der Duft der Minze,
die erste Frühlingswärme und der
metallische Klang des Spatens,

die Frische des Tautropfens, der wie ein Diamant
reich und durchsichtig aus dem roten Kattun
eines Mohnkelches bei Tagesanbruch
auf das gelackte Blatt des Setzlings fällt. –

Und nun wird die Poesie publiziert:
Alles beginnt wie eine Herausforderung.
Blauer Stahl einer geschmiedeten Streitaxt
und darunter der hölzerne Fechtboden.

Das Wasser in der Kupferkasserolle braust auf,
empört sich in schäumenden Kreisen,
es zischt des Herdes schwarzer Planet
in bläulich sprühenden Farben.

O ihr Dahlien des Gasherdes,
eiserne Blumen der Brenner!
Ein Kopf Kohl wird auf Beschluß
eines kunstfertigen Verstandes

hergerichtet für die Nudelsuppe und
mit Sternen karstigen Salzes bestreut,
und Lorbeerblätter werden dazugegeben,
und gepfeffert macht sie uns schluchzen.

Und die Dampfschwaden wölken,
duftende, geifernde, weihräuchernde.
Die Kohlsuppe brodelt gewaltig,
Himmel und Winde ausatmend.

Aufgeschlagen wie eine Bibel liegt der Brotlaib.
Die Blumen auf der Schüssel ersterben in Ehrfurcht.
Und nun kommt sie, sehnlichst erwartet, angefüllt
mit dem abgeschlagenen, lebenspendenden Krauthaupt!

Ärzte für Gesunde

Wer die Männer und Frauen im Straßenbild Moskaus oder Leningrads auf Gangart, Haltung und Bewegungen hin studierte, um sich Aufschluß zu verschaffen über Neigung und Eignung dieser Menschen, würde kaum zu dem Schluß gelangen, die Russen seien ein besonders sportliches, sportbegeistertes oder gar sportbegabtes Volk. Aber der Eingeweihte weiß nur zu gut, daß das äußere Bild trügt und zumindest einen Tatbestand nicht offenkundig werden läßt: daß sich aus dieser scheinbar amorphen und wenig »smarten« Masse im Laufe von kaum zwei Jahrzehnten eine echte Elite entwickelt hat, die es auf jedem Felde – von ganz wenigen mehr oder weniger luxuriösen Sportarten wie Golf, Polo, Segeln etwa abgesehen – mit den Eliten anderer Völker aufnimmt, ja insgesamt vielleicht um ein nicht geringes über die Gesamtheit dieser Elite triumphiert. Die Ergebnisse der letzten Olympischen Spiele – angefangen etwa mit denen von Helsinki – und der Europa- und Weltmeisterschaften seitdem zeigen auf vielen Gebieten die Athleten der Sowjetunion in Führung oder in ebenbürtigem Kampf um diese Führung. Russische Turner, Schwer- und Leichtathleten, Eisschnell- und Eiskunstläufer, Skiläufer und Boxer sind, wie es im Sportjargon heißt, »Weltklasse«. Auch in den Ballspielen mischen sie kräftig mit, und das gilt nicht nur für den auch in der UdSSR sehr populären Fußballsport, sondern selbst für entlegenere, eigentlich uneuropäische Spielarten wie Volley- oder Basketball. Vor allem aber führen sie – vom Schwimmen einmal abgesehen – im Frauensport.

Die oft gegen unser Gefühl verstoßende Auslegung der sogenannten Gleichberechtigung der Frau wirkt sich auf diesem Felde natürlich zum Vorteil der proletarischen Weltanschauung aus. Wo die Frau von der Pflicht zur Schwerarbeit nicht ausgeschlossen wird, kann ihr auch das Recht zu einer Art »Schwerathletik« nicht bestritten werden. Damit ist nicht auf die Übungs*arten* dieser Kategorie angespielt (die sowjetischen Frauen boxen und ringen und stemmen nicht), sondern auf die *Formen,* in denen sich das allgemeine Training abspielt. Während in England oder Deutschland schon eine Leichtathletin in den Verdacht geraten kann, eine Art Männin oder Mannweib zu sein, verraten gewisse Leistungen russischer Sportlerinnen im Radfahren, Eisschnellauf, Skilauf und auch in der Athletik eine Konstitution, die schon maskuline Trainingsmethoden voraussetzt. Bei den letzten Länderkämpfen der USA gegen die UdSSR trugen regelmäßig die russischen Frauen einen überlegeneren Sieg über die Amerikanerinnen davon, als die Yankees ihn über die sowjetischen Leichtathleten erzielen konnten. An einem kühlen Oktobersonntag in Leningrad begegneten uns auf den Ausfallstraßen mehrfach Radrennfahrer im Trainingsdreß; aber es waren nicht Männer, sondern Frauen. Und unter den Skiläufern, versehen mit skiähnlichen Gebilden, die auf kleinen Rädern über den Asphalt der Straßen liefen, die wir ebenso etliche Male auftauchen sahen, waren auch nicht wenige Frauen. Das eigentlich Überraschende aber war, daß sie nicht in Trainingsgruppen auftraten, sondern als Einzelgänger. Es schienen die gleichen »Narren«, die man – zumindest was die Radsportler angeht – auf den Straßen Italiens, Hollands oder Frankreichs antrifft, besessene Einzelne, die ihren Ehrgeiz mit der Erfüllung eines Hochtraumes, der Erringung einer Meisterschaft zum Beispiel, befriedigen möchten, die Nachfahren der alten Fakire, jener Kreuzung aus Asketen, Märtyrern und Gladiatoren, die unserer Epoche so gut zu Gesicht steht. Niemand hat das Recht, sie zu verachten – er müßte denn Testpiloten für Düsenjäger, Astronauten, Zirkusakrobaten, Hungerkünstler, Kanalschwimmer, Fallschirmrekordspringer, Höhen- und Tiefentaucher und was es sonst an physischen oder technischen Extremisten auf dieser modernen Welt gibt, auf dem Inquisitionsscheiterhaufen hochmütiger Intellektualität verbrennen. Die Welt ist bunt, und nicht nur der Lorbeer der Berufsathleten ist schmutzig.

Es gibt das Wort vom sozialistischen Staatssportler, und wer die Entwicklung des Sports innerhalb der letzten vier Jahrzehnte nüchtern und ohne altväterliche Wehmut betrachtet, wird zugeben müssen, daß auch ein Phänomen wie der Sport nicht von jener Verhärtung und Potenzierung, Sozialisierung und Säkularisierung verschont bleiben konnte, wie sie fortlaufend auf anderen Kraftfeldern und Spannungsebenen stattfanden und stattfinden. Auch der Schöngeist ist zum Teil hochdotierter Professional geworden; die Philosophie wirft ihre Honorare ab, und der multiplizierte Wohllaut erzielt Rekordsätze. Ob eine zahlungskräftige Industriefirma, ein pharmazeutisches Werk, eine Genossenschaft talentierten Athleten die Möglichkeit verschafft, die wenigen Jahre höchster Leistungsfähigkeit ohne drängende ökonomische Sorgen zu nutzen, ob ein vermögender Kapitalist seine für Eiskunstlauf hochbegabte Tochter oder den für Tennis talentierten Sohn auf entlegene Trainingsplätze und in die Obhut von Weltklassetrainern entsendet, oder ob der kommunistische Staat einem Spitzensportler ein Sportstudium schenkt (so, wie er den für wissenschaftliche Fächer geeigneten anderen Studenten ihre fachliche Ausbildung von Staats wegen ermöglicht), macht im Grunde keinen Unterschied. Schon vor vierzig Jahren stellte die deutsche Reichswehr die besten internationalen Springreiter, ohne daß jemand ihren Amateurstatus in Zweifel zog oder solchen Umstand als ehrenrührig empfand. Ebenso stellte die Reichswehr hervorragende Leichtathleten und moderne Fünfkämpfer. Möchte jemand das absolute Nichts, das die bisherigen Verteidigungsminister in dieser Hinsicht hinterließen, etwa als moralisches Plus eines Amateurstandpunktes ausgeben? An der Neben- und Aschenputtelrolle, die unserer Kultur in der Bundesrepublik zugewiesen ist, hat auch die etwas bescheidenere Körperkultur teil. Es wäre kindisch, wollte man eine sich über zweieinhalb Jahrzehnte erstreckende Liebesarmut und Impotenz als Tugend der Keuschheit ausgeben. Wir schluckten mit Begeisterung alle Invektiven, Torheiten und Schlauheiten des französischen Generalissimus – von seiner Anerkennung der Oder-Neiße-Linie bis zur Torpedierung der EWG –, aber von einer sportlichen »Restauration« Frankreichs nahm man keinerlei Notiz. Nicht überall in der Welt wird den Fragen der Kultur, der Volksgesundheit, der Körperkultur so wenig Aufmerksamkeit gewidmet wie in unserem in jeder Hinsicht klein gewordenen Vaterlande. Nicht überall freilich scheint man diesem Sachgebiet auch mit soviel Akribie, wissenschaftlichem Eifer und »nationalem« Elan nachzugehen wie in der Sowjetunion und, von ihr belehrt und angeführt, den anderen »Volksdemokratien«.

Ich mußte aus einer vielleicht recht aufschlußreichen Besprechung im Zeitschriftenverlag für Ausländische Literatur vorzeitig ausscheren, um die Verabredung einzuhalten, die für mich mit dem Institut für Körperkultur getroffen worden war. Irgend jemand hat mir weismachen wollen, mein Besuch würde nicht zustande kommen, weil gerade dieses Institut einer wohlgehüteten Gralsburg gleichkomme. Und als unser Taxichauffeur nach drei vergeblichen Anläufen den Wagen noch immer nicht vor den Eingang des Instituts bugsiert hatte, war ich fast bereit, an gezielte Sabotage zu glauben. Aber am Ende erwies sich sein Fluchen als aufrichtig: er hatte etliche Sperren und Neubauzonen zu umfahren – plötzlich waren wir an Ort und Stelle.

Ich hatte mich auf irgendeinen aufwendigen Neubau, im Stile der Moskauer Untergrundbahn vielleicht, gefaßt gemacht und sah mich überraschenderweise vor einem relativ altmodischen Gebäudetrakt abgesetzt, der sich später tatsächlich als ein nach der Revolution übernommenes und umgebautes gräfliches Besitztum erwies. Wir wurden, die Dolmetscherin und ich, bereits erwartet: ein jüngerer Herr mit Bürstenschnitt, sympathischem Gesicht, von mittelgroßer, schlanker Statur, führte uns zunächst in einen Raum, der eine Art Museum darstellte, in dem einige Sportgeräte zu sehen waren – unter anderem die Bambusstange, mit der ein Russe irgendwann einen Weltrekord aufgestellt haben soll, von dem ich niemals etwas erfahren hatte. (Es hieß denn auch, zu jener Zeit habe die Sowjetunion noch nicht am internationalen Sport teilgenommen.) Des weiteren das Trikot, mit dem Wladimir Kuz seine Olympiasiege in Melbourne herausgelaufen hatte, und manches andere mehr an Geräten, Fotografien, Siegespreisen und Ehrenzeichen. Es war ein wenig rührend, und mir schien denn auch, als erwarte mein Führer keine besonderen Kniebeugen von mir in dieser Krypta sowjetischer Sportheiligtümer. Immerhin förderte die Frage nach dem sowjetischen Stabhochsprung-Weltrekordmann die verbindende Tatsache ans Licht, daß der Subdirektor, jetzt knapp vierzig Jahre alt, als beste Leistung seiner Sportkarriere einen Stabhochsprung von genau vier Metern aufzuweisen hat; und daß wir demnach von der gleichen Fakultät waren, er es aber neunzehn Zentimeter höher gebracht hatte, ließ mich Teilhaber jener hochherzigen Sympathie werden, die Sportsieger immer für ihre besiegten Konkurrenten empfinden.

Der Subdirektor führte uns dann in andere Zimmer des Institutes, die mit Tabellen, Lehrmaterial, Farbtafeln und mancherlei graphischen Darstellungen und Meßgeräten angefüllt waren; aber da es inzwischen bereits später Nachmittag geworden war, fanden wir diese Räumlichkeiten fast samt und sonders menschenleer vor.

Dann aber gerieten wir in die sportmedizinische Abteilung und begegneten dort einem etwa fünfunddreißigjährigen Arzt von imponierender, eigentlich westlicher Art, der für eine knappe Viertelstunde die Führung und den Kommentar übernahm. Er war groß und schlank, gut gekleidet, im Typ nicht unbedingt russisch – er hätte eher Belgier oder Westschweizer oder Süddeutscher sein können. Ohne eine Geste der Propaganda, der Besserwisserei, des Außerordentlichen erklärte er Herztabellen, Leistungskurven, Formentwicklungen, überhaupt Statistiken verschiedenster Art, organische Befunde, physiologische Messungen, psychologische Einflüsse und Derivate; es war ein Vergnügen, ein intellektueller Genuß, ihn reden zu hören in einem geschmeidigen Russisch, das er zuweilen aufgab, um ein nicht übel klingendes Französisch als vielleicht nicht gleichwertigen, aber schneller faßbaren Ersatz anzubieten. Und als es ihm des Statistisch-Tabellarischen genug schien, führte er uns in einige andere Räumlichkeiten, wo man gerade an lebendigen Objekten Messungen vornahm. Es lagen da einige Athleten, die zuvor irgendeine körperliche Anstrengung auf sich genommen hatten und nun mit Hilfe einer am Kopf befestigten Elektrode, die eine kurvenmäßige Aufzeichnung der Aktionsströme des Gehirns ermöglicht, auf ihre Reaktionen hin gemessen wurden. Ich entsann mich dieser Athleten etwa vierzehn Tage später in Suchumi (am Schwarzen Meer), als wir die große Versuchsstation der eintausendfünfhundert Affen besichtigten und an einer bestimmten Stelle gebeten wurden, haltzumachen, weil wir auf dem Wege zu mit bestimmten Krankheiten infizierten Schimpansen waren, deren traurigen Anblick man uns ersparen oder auch verheimlichen wollte. Aber im Augenblick unseres Besuches hier schien, was das Versuchsobjekt Mensch betraf, nichts Entmutigendes oder Inhumanes an Eindrücken befürchtet zu sein.

»Es ist außerordentlich interessant und aufschlußreich«, formulierte etwa der Sportmediziner, »die Zusammenhänge seelischer Konstitution und körperlicher Leistungsfähigkeit zu beobachten. Der Mensch ist alles andere als ein Roboter. Er unterliegt den feinsten Schwingungen des Seelischen, die entweder parallel oder diagonal oder senkrecht auf seine physische Form oder Gestimmtheit auftreffen. Es gibt Situationen der Enthusiasmiertheit, die sich wie eine Potenzierung der normalen physischen Disposition auswirken können. Und es gibt außerphysische Depressionen oder Vorbehalte, die sich – selbst im Falle äußerster Kondition – lähmend oder doch einschränkend auswirken. Der Laie hat keine Ahnung von den psychologischen Voraussetzungen einer außerordentlichen Leistung. Wir wissen, daß es selbstverständlicher Vorgaben von körperlicher Eignung und Fähigkeit bedarf, um bedeutender sportlicher Leistungen fähig zu sein. Die Ärzte wissen aber auch, daß – glücklicherweise – unsere Athleten oft gar nicht in der Lage sind, ihr Handicap oder ihren Vorteil einzukalkulieren. Der Athlet ersetzt ja den Intellekt durch Instinkt – was zuweilen für den mehr handwerklich arbeitenden Künstler auch zutrifft. Man denke an Bildhauer und Maler zum Beispiel oder auch an Schauspieler: es gibt ja ausgesprochen dumme, aber instinktsichere Komödianten. Der Instinkt ist gewissermaßen der Intellekt des einfacheren Menschen. Wenn Sie jemals größere Sportwettkämpfe miterlebt haben, werden Sie wissen, wie zuweilen in diesen Wettbewerb körperlicher Kräfte ein unerwarteter Zug jägerischer, klassisch zu nennender Klugheit kommt, wie sich uralte Triebe und Instinkte verbinden mit unseren nüchternen Berechnungen und Beobachtungen. Der gesunde Mensch ist ja ein Kunstwerk ohnegleichen. Und wir sowjetischen Sportmediziner betrachten uns auch gewissermaßen als Ärzte am gesunden Menschen.«

Ich kann mich nicht entsinnen, jemanden intelligenter über Lust, Launen und Lähmungen des menschlichen Körpers durch Geist oder Seele oder beides reden gehört zu haben.

Wir verabschiedeten uns von dem intelligenten Mediziner und gingen mit dem Subdirektor, die weiträumige Sportanlage zu besichtigen.

Irgendwo versuchte ein »Narr«, sechzehn oder siebzehn Jahre alt, sich an einer Grube im Hochsprung, möglicherweise inspiriert durch den Weltrekord, den Valerij Brumel zwei Tage zuvor im Lenin-Stadion mit 2,27 Metern gesprungen hatte. (Sein Nachfolger war erst bei etwa 1,65 Metern angelangt.) An einer anderen Stelle übten etwa fünfzehn Jünglinge sich im schwierigen Diskuswurf. Es war ein Lehrgang von Fußballspielern, die sich, natürlicherweise, nicht allein auf ihr Fußballspiel beschränken durften. Einseitigkeit sei ja der eigentliche Hemmschuh auf dem Wege zu großer sportlicher Leistung ...

Ich mußte an die Tenniskämpfe denken, denen ich, zwanzigjährig, am Hundekehlensee in Berlin beiwohnte, als der athletische Engländer Perry den klugen, aber schwerfälligen Daniel Prenn besiegte; an die nie voll ausgespielte Rolle des klassischen, aber nicht athletisch gebildeten Gottfried von Cramm; an die mangelnde Standfestigkeit glänzend begabter deutscher Sportler »im letzten Gefecht«, das verlorenging, weil ein kurzsichtiger teutonischer Verstand sein Heil stets im forcierten Spezialtraining, aber nie in dem Bemühen um eine athletische

Grundkondition sah; an die Spiele unserer Fußballmannschaft und an manches andere mehr. Verscherzte Sportsiege bedeuten nicht die Welt; aber falsche Methoden schmerzen wie fehlerhaftes Klavierspiel. Die Jünger der Weltrevolution machen, zu unserem Heil, aber ohne unser Verdienst, auf dem Sektor des Ökonomischen, der wirtschaftlichen Organisation, der Planung und Verwaltung die dümmsten und (auch für sie) verhängnisvollsten Fehler. Was aber den Bereich der Volksgesundheit, der Körperkultur, der Ausbildung einer repräsentativen Elite betrifft, sind sie uns eindeutig überlegen: an Systematik, an Methoden, an Wissenschaftlichkeit, Breitenarbeit, Spezialistenschulung – es wird schwierig sein, in diesem Bereich ein Eckchen zu entdecken, wo sie uns nicht den Rang abgelaufen haben.

An einer Stelle der weiträumigen Anlagen tobte sich eine Schar von Schulbuben aus. Die Anlagen des Institutes standen ja nach Abschluß des Dienstplanes, also ab siebzehn Uhr etwa, der Allgemeinheit zur Verfügung. Da kann denjenigen, der sich gewisser, ans Groteske grenzender Kompetenzstreitigkeiten zwischen Vereinsfunktionären, Stadt- und Schulbehörden erinnert, nur ein Jammern ankommen.

Natürlich stellte ich auch die Frage nach jenen sowjetischen Athleten, die ich im Verdacht hatte, Staatsamateure zu sein, in der Annahme, alle wirklich führenden Athleten der Sowjetunion wären, wie man gemeinhin glaubt, Studenten des Institutes. Aber es stellte sich heraus, daß nur ein geringer Teil der besten Athleten Mitglieder beziehungsweise Studenten des Institutes waren. Einige, deren Namen ich kannte und nannte, hatten ihren Beruf und gehörten nur Moskauer Sportvereinen an. Andere wohnten in Städten der Provinz und gingen dort ihren Beschäftigungen nach.

Wer will sich verbürgen für den Amateurcharakter von Athleten? Wo große sportliche Leistung als Testfall für die Überlegenheit kommunistischer Weltanschauung gewertet wird, darf man mit staatlicher Vorleistung rechnen. In vielleicht bescheideneren Grenzen favorisieren freilich auch westliche Staaten ihre Olympiakämpfer und Weltmeisterschaftskandidaten. Und wenn sich der Staat versagt, gibt es – Gott sei Dank – private Mäzene. Wer je eine Spanne Zeit auf einer Hochschule für Leibesübungen oder irgendeinem Lehrinstitut sportpädagogische Talente zu erwerben trachtete, weiß im übrigen zur Genüge, daß gerade das Alltägliche, Selbstverständliche, Gewohnheitsmäßige – die permanente Leibesübung – den Todeskeim für Höchstleistungen in sich birgt, daß also die Vergünstigung, ein Sportstudent zu sein, eine zweischneidige Vergünstigung darstellt. Es mag gewisse Übungen geben, die durch ein besonderes Ausmaß an Training zu einer langanhaltenden Hochform erziehen können – Geräteturnen etwa, Langstreckenlauf, technische Kraftakte –, aber für die Mehrzahl athletischer Höchstleistungen sind ursprüngliche Impulse, Spontanreaktionen und eine Grundsubstanz an Enthusiasmus, ja Exaltiertheit unentbehrlich. Gerade die Olympischen Spiele lassen ja immer wieder erkennen, daß kalte Routine und statistisch belegtes Favoritentum am Ende sehr oft von dem Instinkt und der Jungfräulichkeit unverbrauchter Außenseiter überspielt werden. Die Serie sowjetischer Sporterfolge in den letzten drei Jahrzehnten läßt nicht darauf schließen, daß man die Tugenden und Vorteile des echten Amateurs, die auch heute noch oft genug ausschlaggebend sind für Leistung und Erfolg, in der Sowjetunion nicht mehr zu schätzen wüßte. Vieles, was wir – um besser schlafen zu können – nur dem Professional- oder Staatssportler zutrauen, kommt aus ideellen Affekten, aus dem Bereich sozialistischer Begeisterung. Der Umstand, daß wir an diesem System entschiedene Kritik üben, daß wir es für verfehlt und im letzten inhuman halten, lähmt weder die allgemeinen noch die persönlichen Impulse und Ambitionen dieser Menschen. Sie haben nun einmal keine Freiheit, zu wählen. Sie haben nur die »Freiheit«, sich zwischen stupidem Gehorsam und energischem Elan zu entscheiden.

Da sie ein junges Volk sind, wählen sie den Elan.

Das Gebiet der Sowjetunion, das 22,4 Millionen Quadratkilometer zählt, ist dreimal so groß wie Australien, gut doppelt so groß wie die Vereinigten Staaten von Amerika, größer als Südamerika und nur wenig kleiner als Afrika. Aber soviel Erdfläche dieser Staat auch bedeckt, er ist ein Erdteil ohne Himmel.

Man versteht, wie das gemeint ist. Die Sterne stehen oder wandern wie überall auf der Welt über dem Land, gelegentlich um einen künstlichen vermehrt; die Sonne scheint, und der Mond läßt sich in regelmäßigen Zeitabständen sehen; aber der Himmel über Rußland ist ein Himmel ohne Götter. Die Sowjetunion erzieht ihre Bürger dazu, keine Götter über sich oder neben sich zu dulden. Der Gott der Sowjetunion ist der Mensch.

Wer auf dem Standpunkt steht, der jedem geistigen Menschen selbstverständlich ist, daß nichts auf dieser Welt so geheiligtes Menschenrecht sein sollte wie ein religiöses Bekenntnis, wird nicht in der Überzeugung eines Atheisten ein Bekenntnis zu Unmoral, Gewaltanbetung oder Gesetzlosigkeit erblicken. In der langen Reihe bedeutender und wegweisender Vorbilder, welche uns die Geschichte der Menschheit überliefert hat, finden sich gute wie laue Christen, Juden und Buddhisten, Freireligiöse wie Atheisten und sogenannte »Andersdenkende« in buntem Wechsel. Wäre der Atheismus in der Sowjetunion Privatsache statt Staatsreligion, das will sagen, wäre ein einfacher Bürger, der sich zum Theismus, zu einer Kirche oder Sekte bekennen möchte, wenigstens so frei wie der Atheist Max Bense in der Bundesrepublik, so könnte man dem sowjetischen Staat schwerlich verübeln, daß er seine Fundamente – zu denen die Gottlosigkeit zählt – propagiert, deutlich macht und zum Lehrstoff erhebt. Das gleiche tun auch die sich auf christliche Fundamente berufenden Staaten des Westens, wenn auch mehr *de jure* oder *de nomine* als *de facto*; denn die Idee der persönlichen Freiheit – der religiösen wie politischen – ist weniger eine Frucht von Inquisition oder Reformation als vielmehr eine der (französischen) Revolution und der Aufklärung. *Cuius regio, eius religio* – das ist keine Erfindung von Atheisten und Marxisten. Wohl aber haben diese die Gefahr erkannt, die einem auf Glaubenslosigkeit aufgebauten staatlichen Gefüge durch einen

Glauben erwachsen kann, der sich um ein Übernatürliches, Über-irdisches konzentriert, in Gestalt zum Beispiel der Kirche. *Cuius religio, eius regio* – so lautet darum wohl die sowjetische Variante des alten Spruchs. Der Freiheitshunger des Menschen ist unabweisbar – das wissen auch die heutigen Herren im Kreml. Dieser Hunger macht den Menschen zu jeder Zeit gefährlich und aufsässig.

Da ist kein Zweifel, daß unter der Asche der verordneten Glaubenslosigkeit noch Funken tiefer Religiosität, alter Frömmigkeit, unverwelkter Treue zur Kirche glimmen. Aber die um ihres Glaubens willen leiden müssen in der Sowjetunion, scheinen so dezimiert, so in der Minderzahl zu sein, daß man sie kaum noch wahrnimmt im großen Bild. Mehr als vierzig Jahre konsequenter Erziehung zu einer atheistischen Weltanschauung haben aus der Kirche ein Museum, aus Christus eine Sagenfigur werden lassen. Sprach noch jemand von Gott? Nein, außer dem Direktor des Priesterseminars in Sagorsk sprach keiner von der Kirche, und von Gott hat selbst er – taktvollerweise – nicht gesprochen; nur vom Glauben und von der Kirche sprach er. Wollte er den anwesenden Russen das Anhören von Gottes Namen nicht zumuten? Aber wohin war diese uralte überlieferte russische Frömmigkeit entwichen? Wo hatte sie Schutz und Aufenthalt gesucht? Russische Ostern, Auferstehung, Umkehr, Aufopferung – gab es das nicht mehr? Und wenn der Christengott gerade unter den Leidenden lebendig ist – litten sie denn nicht einmal mehr um seinetwillen? Brauchten sie ihn nicht mehr? War er ihnen entbehrlich geworden?

Wer will eine Antwort auf solche Fragen wagen? Ich weiß keine. Die Kirche war im zaristischen Rußland immer auf der Seite der Herrschenden – wo wäre sie es nicht gewesen, solange die Herrschenden auf ihrer Seite standen. Die Zarin Katharina hatte gesagt: »Wenn unsere Bauern lesen und schreiben lernen, ist es aus mit unserer Herrschaft.« War das auch für die Kirche gesagt?

Ich mußte oft an dieses Wort denken, wenn ich russisches »Volk« unterwegs sah: auf den Straßen und Plätzen, in der Eisenbahn, in Museen und Theatern, im Konzertsaal, im Puppentheater und in der Oper, in Zarskoje Selo, das sie heute Puschkin nennen, und Jasnaja Poljana. Immer wieder fragte ich mich, ob denn dieses bäuerlich-proletarische Volk wirklich in solchem Sinne durch mehr Wissen zur Macht gekommen sei, da wir doch – aus guten Gründen – davon überzeugt sind, daß es machtlos, ja absolut ohnmächtig sei, machtloser als alle Völker der Welt ihren Regierungen gegenüber?

Freilich: von »Volk« zu sprechen im Zeitalter der Massengesellschaft ist in fast allen Fällen ein Anachronismus, der zu den Redewendungen der jeweils Regierenden gehört. Die Deutsch-Schweizer bezeichnen sich gern und mit einigem Recht als Schweizervolk. Aber das sowjetische Volk ist ja ein Verband von Völkern, ein Konglomerat von Verschiedenheiten. Und selbst auf die Russen beschränkt, denen die Führungsrolle zugefallen ist, bleibt die Frage bestehen: Ist der Unterschied zwischen dem russischen Volk von 1913 und dem von heute so groß, wie jenes Zarenwort vermuten läßt und kommunistische Propaganda uns einreden möchte?

Man kann es nicht glauben. Fast alle Zeugnisse der Vergangenheit – die Baudenkmäler, Literatur, Musik, Malerei – Übertreffen die Zeugnisse der sowjetischen Gegenwart um jenen entscheidenden Grad, der Kunst von Propaganda, von Kunstgewerbe, von bemühtem Handwerk oder auch von hoffnungslosem Kitsch trennt. Es gibt etliche Schriftsteller und Komponisten, die zu internationalem Ruf gekommen sind, und es macht den Anschein, als ob eine jüngere Schicht sich auch neueren Stilmitteln zuwende. (In der Literatur wird das »Neue« freilich eher in Gestalt einer liberaleren – zum Beispiel antistalinistischen – Thematik als in einem revolutionierten Stil sichtbar.) Das Bild aber, das russische Architektur, Malerei und Plastik öffentlich bieten (und diese Künste sind es doch, die das Gesicht der vielgerühmten Umwelt prägen), ist von Unsicherheit, Abgeschmacktheit und Monotonie gekennzeichnet. In diesem Punkt ähneln sich offenbar alle Diktaturen: die Musen strafen die Gewaltanbeter mit Entzug ihres Lächelns und bedenken sie dafür mit den Früchten der Lächerlichkeit. Man begegnet hier und dort Ausnahmen; aber die meiste öffentliche, repräsentierende Kunst ist von beklagenswerter Nichtigkeit; und je monumentaler sie auftritt, desto hohler wirkt sie. Die Werke des längst toten georgischen Rodin-Schülers Nikoladse atmen Gegenwart und Modernität, weil sie Kunst sind. Die Bildhauerkunst, die heute für die großen russischen Plätze arbeitet, scheint geradenwegs aus Fabriken zu kommen. Auch die Einfälle der Architekten, die sich in und auf den gigantischen Bauten manifestiert haben, können kaum überzeugen. Immerhin scheint die Abkehr von jenem monströsen Firlefanz, der bis in die Stalinallee von Berlin Nachäffer fand, doch vollzogen. Eine gewisse Sachlichkeit greift Platz. Offenbar ist Architektur in unserem Sinn – als Spiel mit Formen, Entwürfen, Varianten – in der Sowjetunion ohnehin Luxus. Die Statik rangiert vor dem Stil, die Zweckdienlichkeit vor der Schönheit. Man benötigt Häuser und Wohnungen in riesiger Zahl; es kommt nicht darauf an, daß die Leute »schöner wohnen« – sie müssen *wohnen* können. Es mag wie mit der Kleidung sein: Sitz und Schnitt und Farbkombination sind nicht ausschlaggebend, man muß etwas Wärmendes oder gegen Regen Schützendes auf dem Leibe haben. *Solche* Auffassung würde ich »sozialistischen Realismus« nennen; hier wäre der Begriff verständlich und anwendbar. (In den Gesprächen, die wir gelegentlich über ihn führten, wurde nie eine Definition angeboten; es gab sie wohl auch nie.)

Auf der fahlen Grundierung dieser Situation und im Rahmen dieser jedem ins Auge fallenden Verhältnisse freilich bietet sich dem unvoreingenommenen Beobachter ein erstaunliches, zum Teil rührendes, zum Teil bewegendes Bild: ein nach Kunst hungerndes, für Kunst begeistertes, auf Kunst eingeschworenes »Volk«, das offenbar alle seine Sehnsüchte und Ideale, Hoffnungen und Glaubensaffekte, seinen Opfersinn und seine Liebesfähigkeit, seine Mystik und Kindlichkeit, die vor Zeiten in eine tiefe Religiosität mündeten, auf dieses bewunderungswürdige, unerhört schöne und aufregende, tröstliche und den Alltag vergessen machende Phänomen Kunst wirft, welches so herrliche nationale Blüten hervorzuzaubern weiß wie das russische Ballett, die russische Oper, die (vorwiegend ältere) russische Musik. Die Lektüre von schönen Büchern, der Besuch des Theaters, des Kinos, des Puppenspiels, der Museen – ach, wie viele schöne Dinge hält doch die Kunst für den Menschen bereit! Ist sie nicht eine Art Oberwelt, Überwelt beinahe, etwas wie Metaphysik, ein Teil des besseren Menschen oder der bessere Teil des Menschen? Am Tage das Gebrüll der Maschinen – am Abend blüht ein Wald von Melodik aus hundert Instrumenten. Last und Mühe und Schmutz, vielleicht acht, neun Stunden lang – und nun schweben für zwei Stunden Nymphen und Sylphiden durch den Raum, der Schwerkraft spottend. Eben grauer Alltag – und nun die Welt der Oper: Liebesraserei, großes Handeln von großen Menschen, Auferweckung weltbewegender Geschichte. Was hat die Welt der Kunst doch an Erhebungen und Entzückungen zu bieten, die der sozialistische Alltag vermissen läßt! Wir wollen gern arbeiten, uns einschränken im Wohnraum, irdische Völlerei und fragwürdige ewige Seligkeit entbehren, wenn nur er uns offenbleibt und uns seine Wonnen nicht vorenthält: der Himmel der Kunst.

Und ist es nicht, bei aller Phantastik und Unnachahmlichkeit, ein recht faßbarer und gegenständlicher Himmel? Wenn sich der Vorhang öffnet und die Szenerie des ersten Aktes von ›Boris Godunow‹ freigibt, weiß man doch, daß es dies alles heute nicht mehr gibt; aber in dieser Sphäre der Kunst steht es wieder auf, vielleicht reicher und vollendeter, wirklicher, als es je war. Fast vergißt man, daß es auf diesem wogenden Bild Handlungszüge gibt. Wie aus überdimensionalen Evangeliaren, aus alten Fresken und Ikonen, aus dem Unerreichbaren der Phantasie strömt und quillt es in nicht abreißender Folge und immer neuem Wechsel auf die geräumige Bühne: Geschlechter von Bojaren und Kirchenfürsten, in herrlichste Gewandungen gekleidet, mit erlesenstem Schmuck geschmückt – die Sinne können es weder wägen noch fassen. Die Prunk- und Schönheitslust von Epochen scheint in dieses eine Bühnenbild eingegangen wie eine Rosenflut in eine Phiole mit Rosenöl. Nie in meinem Leben habe ich auch nur entfernt Vergleichbares gesehen, weder auf einer Bühne noch auf einem Gemälde, weder bei kirchlichen noch bei staatlichen Hochfesten. Es war Reichtum und Erlesenheit in solchem Übermaß – es verstieß eigentlich gegen die Prinzipien des Schönen, das an Harmonie gebunden ist. Aber obwohl man dies wußte, mußte man widerspruchslos zugeben, daß kein Fehl an diesem lebenden Bilde zu sein schien, das Ausdruck eines überquellenden Nationalstolzes, einer maßlosen Eigenliebe war; begriff man, daß es ebenso großmütig wie überwältigend, hochmütig wie werbend war, und erinnerte sich, daß dieser unermeßliche Reichtum, der sich einst auf unermeßlicher Armut gründete, im Grunde heute noch auf Armut zielt. Dazu die Bässe und Chöre, mit unbeschreiblicher Genußsucht den Tiefgang der eigenen Stimme auskostend oder einander in schwelgerischem Falsett überbietend, der wie ein russisches Rad kreisende Kosmos der Mussorgskijschen Partitur: es war unvergeßlich. Auch das Publikum war fasziniert; man konnte es an dem Beifall ablesen, der diesen Aktschluß besiegelte. ›Boris Godunow‹ ist die russische Nationaloper Nummer eins, und ich glaube nicht, daß wir in Richard Wagner etwa einen Gegenpol gefunden hätten. Vorgeschichte und Mythos sind etwas anderes als Geschichte. Nicht einmal Schiller scheint in der deutschen Historie ein hochdramatisches Sujet entdeckt zu haben, das etwa dem Schicksal Boris Godunows gleichkäme.

(Bezeichnenderweise hat er in der russischen Geschichte seinen Demetriusstoff gefunden.) Aber gelegentlich scheinen die Reize des Optischen allen anderen – des Stofflichen, der Musik – den Vorrang streitig zu machen.

Eine Stunde später spielte sich am gleichen Ort etwas ab, das diesen Verdacht nur bestätigte: Der Vorhang tat sich auf, und man sah ein Bühnenbild, das an die galanteste Zeit des französischen Rokoko erinnerte. Zur Linken stand ein vornehmes Landhaus, im Hintergrund ein Tempelchen, im Vordergrund eine Gartenbank, die den dramaturgischen Treffpunkt eines Liebespaares abgab. Diagonal mußte ein gedachter Bach fließen; ein zierliches Brückchen deutete sein Vorhandensein an. Zur Linken der Brücke sah man die Statue einer jagenden Diana, weiter ab zur Rechten einen sich aufbäumenden, vom Pfeil der Göttin getroffenen Hirsch. Aber das eigentlich Beherrschende, die ganze Szenerie Überstrahlende und Umarmende war ein riesiger, schnee- und rauhreifbedeckter Baum. Ein herrlicher Baum, zugegeben, mit einer Gliederung der Äste und Zweige, die man paradiesisch hätte nennen müssen, würden Reif und Schnee nach herkömmlicher Lesart nicht paradiesischer Vorstellung widersprochen haben.

Der Vorhang also lüftete sich, und das mühsam mit einem Aufwand von fast hundertfünfzig Worten geschilderte Bild war mit einem Lidaufschlag sichtbar. Ein tiefes Atemholen ging durch die bis auf den letzten Platz besetzte Oper, und noch ehe die Instrumente einen Ton hatten hören lassen, rauschte einhelliger Beifall auf, und just da er aufrauschte, begann es auf der Bühne zu schneien, wie es nur im Märchen schneien kann. Eine behaglich fröstelnde Seligkeit erfüllte das Haus. Der Dirigent zeichnete mit seinem längst erhobenen Taktstöckchen einen imaginären Blitz in die Szene ein, und rauschend sprang das musikalische Gewitter in den lechzenden Zuschauerraum.

An einem anderen Abend des Moskauer Aufenthaltes sahen wir das Ballett; es war im Bolschoi-Theater, in welchem sich auch die Loge befindet, die bei Staatsvorstellungen die sowjetische Staatsführung mit ihren jeweiligen Gästen aufnimmt.

Es war ein Abend von jener auf Publikumswirksamkeit abzielenden Anlage: viele Kunststücke, aber wenig Kunst. Etwas für ein weniger sachverständiges und mehr auf Unterhaltung und Sensation eingestelltes Publikum. Hinzu kam, daß die erste Besetzung in den Vereinigten Staaten tanzte – was nicht gegen die Tänzerinnen und Tänzer, aber gegen das Programm sprach. Man sah ganz gewiß die Ballerinen von morgen, aber mit den Kunststücken von gestern und heute.

Das Publikum rief hier und da seine künftigen Lieblinge vor den Vorhang, und allgemein herrschte hochgestimmtes Entzükken über die Serie von tänzerischen Paraden, in denen Artistik und Akrobatik die Kunst übertrumpften. Das einzige Ballett des Abends war – wie die meisten Balletts – eine Liebesgeschichte, deren Erfinder Stendhal hieß. Ich kannte sie nicht und vermochte sie auch anhand der choreographischen Vorgänge auf der Bühne nicht zu dechiffrieren. Auch bei dieser Gelegenheit weckten die supranaturalistischen Bühnenbilder, die das Äußerste an bourgeoiser Kunst und kapitalistischem Luxus waren, hörbare Laute unverhohlenen Entzückens.

Aber: darf man diese so unrevolutionäre Sentimentalität dem schönen Aufwand gegenüber nun ausschließlich mangelndem Kunstverstand zuschreiben? Freilich steht ein in fünfunddreißig Theaterjahren ergrauter Mitteleuropäer einigermaßen fassungslos vor der Wahrnehmung, daß diese die Welt in ihren Grundfesten erschütternde, über alle Opfer hinwegschreitende revolutionäre Bewegung am künstlerischen Fortschrittstrieb eines halben Jahrhunderts keinen Anteil gehabt haben soll. Er möchte resümieren, was naheliegt: daß das russische Proletariat nun in die Phase des Klein- oder Spießbürgertums einzutreten beginnt und sich damit – für lange wenigstens – die revolutionäre Erwartung und Berechnung als eine Utopie von desillusionierendem Ausmaß erwiesen haben. Aber – er zögert, so willkommene und bequeme Lesart anzunehmen oder gar auszugeben. Die Russen haben – wenn auch zumeist außerhalb Rußlands – ihren Anteil an der modernen Malerei, und mit der Musik steht es nicht anders. Jawlenskij, Kandinskij und Chagall sind ebenso russischer Herkunft wie Strawinskij und Prokofjew. Es hat großartige russische Filme gegeben in den zwanziger Jahren; auch das Theater war ausgesprochen experimentierfreudig. Über alle diese schöpferischen Impulse und Kräfte jedoch hat sich der Schatten des mörderischen Spießers Stalin gelegt, der zweieinhalb Jahrzehnte jeglicher Entwicklung abgebunden und zahllose Talente in die Wüste oder ins Jenseits geschickt hat. Wer aber will wissen, ob nicht irgendwo in der Ukraine, bei Leningrad, in Moskau Leute sitzen, die tagsüber Schuhe besohlen, Schrauben drehen oder Hotelportier spielen, abends aber

Bilder malen, die sie nicht oder noch nicht ausstellen können? Es gibt Puppen in der Puppe.

Man wird auch nicht übersehen dürfen, daß die Menschen in der Sowjetunion, nicht zuletzt wohl des anderen politischen Klimas wegen, ein anderes Verhältnis haben zu dem, was Kunst ist oder was sie dafür ansehen: ein elementares, unmittelbares, ein pragmatisches oder auch religiöses. Von den »Herstellern« einmal abgesehen, bedeutet Kunst dem sachverständigen oder doch tonangebenden Publikum des Westens eine gesellschaftliche Exklusivität, ein intellektueller Luxus, ein Hobby, ein Dekorum – auf jeden Fall vieles, das »putzt« (um eine Wendung Thomas Manns zu gebrauchen), aber doch nichts Unentbehrliches, Unabdingbares, auf den Tod Verteidigenswertes.

Auf einem Treffen mit afrikanischen Schriftstellern wohnte ich 1961 in München mit großem Vergnügen dem getanzten und gesungenen Poem bei, das ein katholischer Negerpriester vortrug und das ein Heldenlied auf einen tapferen, in einer Schlacht siegreichen Vorfahren war. Im Verlauf des Nachmittags wurde deutlich, daß die Literaten aus Afrika zum Teil drastisch enttäuscht waren, weil wir ihnen auf ihre drängenden und wiederholten Fragen nach *unseren* Themen, Problemen, Idealen so unzureichend und negativ antworteten. Sie hatten das Empfinden, daß wir weder Themen noch Ideale hätten und eine ganz müde und verrottete Gesellschaft wären. Schließlich sagte ich, daß die getanzte Ballade auf den heldenhaften Vorfahren in Afrika gewiß ihr Recht habe; aber wenn ich mit Gleichwertigem oder für unsere schwarzhäutigen Kollegen Verständlichem aufwarten wollte, müßte ich wohl ein Heldenlied über den Todesritt bei Mars-la-Tour schreiben, an dem mein Großvater teilgenommen habe. Und als es auch späterhin zu keinem rechten Verstehen kommen wollte, wurde mir klar, weshalb alles scheitern mußte: die jungen, eben befreiten Afrikaner fühlten sich am Morgen der Schöpfungsgeschichte, während wir geprügelten und skeptischen Mitteleuropäer am Abend unserer Kultur und Geschichte stehen. Wir leben auf derselben Erde, aber zu verschiedenen Weltstunden.

Mir scheint, daß die Russen sich in ähnlicher Lage befinden wie die Afrikaner. Uns ist die Kunst Hekuba; ihnen ist sie – im übertragenen Sinn – Madonna, Mutter des Heils. Sie glauben nicht mehr an den Gott der Kirchen. Sie lernten nicht glauben; darum glauben sie nicht. Aber weil der Mensch glauben, verehren, anbeten möchte, wenden sie sich der Kunst zu, die ihnen so wohltuende, befreiende, beglückende Stunden verschafft. Ein gutes Buch ist für sie Brot. Ein Ballettabend lehrt sie fliegen. Ein Konzert schenkt ihnen Seligkeit. Ist der Mensch nicht wahrhaft groß? Er fliegt um die Erde. Das ist gewiß viel. Aber das Größte ist doch, daß er Kunst schafft, daß er eine Welt auferbaut, die keine Maschine umkreisen kann, daß er einen Himmel schafft, dessen man hier schon teilhaftig wird, wenn auch nur für Stunden. Die Kunst ist wahrhaft eine Himmelsmacht.

So sah ich sie in Moskau und Leningrad, und in Puschkin, dem alten Zarskoje Selo, nahmen sie sich besonders merkwürdig aus. Moskau gilt ihnen als ihre Stadt; aber Leningrad ist Erbe aus der Zarenzeit. Da gehen sie zögernd und langsam durch die gold- und prunkstrotzenden Räume und stehen vor den Bildern aus unbekannter Zeit und nie gesehenen Ländern. Einfache, sehr einfache Leute. Menschen, wie sie in unserem Lande nie in ein Museum oder in ein Konzert gehen würden.

Wer gibt uns das Recht, auf diese kindlichen, unverbildeten, ungebildeten Menschen herabzusehen, die von abends 18 Uhr bis 9 Uhr morgens um eine Konzertkarte anstehen, die auf dem Wege von ihrem Arbeitsplatz oder zu ihm hin in einem Roman lesen, der zwar seiner Aufmachung nach ein Groschenheft sein könnte, seinem Inhalt nach aber ein Stück renommierter Literatur ist: von Hemingway oder Dreiser, von Steinbeck oder Sartre, von Laxness oder Leonhard Frank? Kann man ihnen zum Vorwurf machen, daß die Auswahl sehr beschränkt und die Vorwahl ohne ihr Zutun getroffen ist?

Einer der uns bedienenden Kellner brachte eines Morgens ein Buch mit, das er, wie er sagte, mit großem Interesse gelesen habe und gern signiert sähe. Es war Bölls ›Haus ohne Hüter‹. Wer die vielen Büchertische in den Straßen Moskaus und der Provinz und die Leute, die an ihnen haltmachen und blättern und prüfen, wahrnimmt, macht sich seine Gedanken. Es hat den Anschein, als ob die Leibeigenen der großen Katharina nicht nur schreiben, sondern auch lesen gelernt hätten.

Die Auflagen bekannter russischer Lyriker, die zahllosen Plätze, denen namhafte, in Bronze gegossene Poeten ihren Namen liehen, die mythische Verklärung, die Gestalten wie Puschkin, Jessenin, Blok, Majakowskij zuteil geworden ist, die Popularität, die ein Jewtuschenko, das hohe Ansehen, das die internationale klassische Literatur bei der russischen Philologie und Literaturgeschichte genießt – alle diese Merkmale wiesen der

Literatur im allgemeinen und der Poesie im besonderen eine entscheidende Rolle zu. Ein Schriftsteller wie Tolstoi scheint unerschöpflich in seiner Anziehungskraft auf den russischen Menschen. Der Dichter ist ihm Wegweiser, Vor- und Leitbild, moralische und ethische Instanz, der sich – im glücklichsten Fall – die Gabe klingender, verzaubernder Sprachkunst beigesellt. In der Lyrik, so scheint es, verschmelzen die beiden Leidenschaften des Russen zu erlösender, gebändigter Einheit: sein missionarischer Weltverbesserungstrieb und sein rhythmisch-melodisches Schwärmertum.

Für uns Westeuroäer, zumal als Nachfahren oder Zeitgenossen der Mallarmé, Rilke, Benn, Eliot, Ungaretti und Montale, hat solche Verquickung reiner Sprach- und Wortkunst mit moralisch-ethischem, ja politischem Anspruch etwas Regel- und Kunstwidriges. Wir empfinden diese Verbindung als naiv, anfängerhaft, dilettantisch. Aber diese Naivität, die zu den Anfängen zurückkehrt oder von ihnen ausgeht, ist auch Chance, Zauber und Unverwelkbarkeit der russischen Lyrik. Zugleich ihre Gefahr: was das Melos nicht erreicht, muß die Moral, die Ideologie bewirken; und was dem Gedanken und der erzieherischen Gebärde an Schönheit abgeht, muß die Sprachmusik ergänzen. Wenn dies aber so ist: wäre dann nicht in der *Musik*, dieser selbstvergessen tönenden, bilderlosen, keiner Moral unterworfenen, keiner Idee und Ideologie verpflichteten, nur dem Wohlklang huldigenden, die sprachlose Seele ansprechenden Kunst, der Himmel des zeitgenössischen Russen gefunden?

Es war in Leningrad, am zweiten Abend, als uns Steshenskij eröffnete, er habe – entgegen allen Erwartungen – noch Konzertkarten ergattern können; ein berühmter Moskauer Dirigent werde die Leningrader Philharmoniker dirigieren und Oistrach ein Violinkonzert spielen.

Die Konzerthalle lag unserem Hotel gegenüber; etwa hundert Schritte genügten, in den noch vor der Jahrhundertwende erbauten Konzertsaal zu gelangen. Weiße Säulen mit vergoldeten Kapitellen, hellgraue Wände, rot-weiße Polsterstühle, dazu riesige Lüster, an den Seiten und von der Decke strahlend – es war ein Bild konservativster, unsozialistischer Festlichkeit, in das wir als eine Art dekorativer Statisterie versetzt waren.

Das Konzert begann mit der III. Sinfonie von Prokofjew, einem frühen Werk also, das einem modernen, überdimensionalen Berlioz ähnelte. Der Dirigent aus Moskau hatte die Leningrader Philharmoniker, die zu den sechs besten Orchestern der Welt gezählt werden, fest im Griff, aber das Publikum »saß auf den Händen« (wie Truman Capote es in seinem amüsanten Bericht über die ›Porgy and Bess‹-Aufführung in Moskau ausdrückt). Der Beifall war mehr als konventionell. Prokofjews Modernismen fanden wenig Anklang.

Es folgte Mozarts Violinkonzert Nr. 5; David Oistrach spielte den Solopart.

Ich erwartete eine Eingangsovation besonderen Ausmaßes; aber die blieb fast ganz aus. Ein abwartendes Mißtrauen, eine sachliche Neugier begleiteten den Auftritt des berühmten Virtuosen. Ich nahm einigermaßen erstaunt von soviel Reserviertheit Kenntnis. Der Schlußapplaus – so dachte ich – wird um so orgiastischer ausfallen. Ich freute mich im stillen auf die Selbstdüpierung des Leningrader Publikums.

Oistrach stand auf dem Podium, seinen Part erwartend, ein stämmiger Bauer, beinahe ein Stemmer, dem Stemmer der Duineser Elegie und des Picassobildes nicht unähnlich. Kein Lächeln, keine künstlerische Attitüde. Er spielte exakt, beinah preußisch exakt, auf den Kern bezogen. Es war ein korrekter, sehr sachlicher, aber auch sachgerechter Mozart, der zum Ende hin doch ungemein tänzerisch wirkte.

Als der letzte Geigenstrich getan war, erhob sich gezügelter Beifall. Keine Ovation, beileibe nicht. Ein Applaus, wie er in der Provinz jedem akkuraten Künstler zuteil wird. Weder die Anstrengungen eines begeisterten amerikanischen Ehepaares noch Gerlachs und mein demonstratives Händeklatschen vermochten die Beifallskundgebungen zu beschleunigen oder zu forcieren. Der stämmige David lächelte, verneigte sich und trat ab.

Es folgte ein Tongemälde von Tschaikowskij, ›Francesca da Rimini‹, und das weiß-gold-gerötete Haus erwachte aus seiner reservierten Lethargie. Ich bezweifele sehr, daß die Geschichte der Francesca aus Rimini die Seelen erwärmte. Ich argwöhne, daß sie der Mehrzahl der Hörer absolut unbekannt war. Aber das Tschaikowskijsche Tongemälde, von dem Moskauer Musterdirigenten in unnachahmlicher »Pastosität« aufgetragen, übte einen unwiderstehlichen Zauber aus.

Vor uns saßen einige Damen der reiferen Generation, die sich bei Prokofjew deutlich gesperrt und Mozart mit betonter Reserve aufgenommen hatten. Jetzt endlich löste sich ihr Wesen. Ein zages Schwelgen ergriff sie. Der Blaustrumpf begann zögernd zu schillern. Eine sanfte Dünung bewegte den vernachlässigten Busen. Ach, Tschaikowskij ...

Der Maestro, von Beifall umspült, erfühlte die Gunst der Stunde. Sein festlicher Anzug schien sich enger an den wohlgestalten Leib zu schmiegen, seine Gesten wurden eleganter, verführerischer, selbstherrlicher; er war ein Feldherr, ein Zauberer, ein befrackter Apoll, als er nun eine Orchesterskizze von Samuel Barber inszenierte, ein kanonisch-chromatisches Paradestück, das allen Teilen des Orchesters Gelegenheit bot, ihr virtuoses Musikantentum zu demonstrieren: ein Musterstückchen für einen Meisterdirigenten, der ein musterhaftes Orchester führt. Die Luft flimmerte von lautmalerischen Pointen. Das war musikalischer Monet auf die Alpakatour von Liberace; aber jedermann sah und hörte dabei, wessen dieses Orchester unter diesem Dirigenten fähig war. Und jeder feierte sie dafür. Laßt immerhin elfhundert Sowjetdelegierte Beifall klatschen, wenn es gilt, eine Monstre-Rede des Parteichefs zu quittieren – echte Triumphe feiert nur die Kunst.

Wie jammerschade, daß alles ein Ende haben muß, denkt man. Aber man irrt; das Ende ist noch gar nicht gekommen. Die Leningrader scheinen das zu ahnen, oder sie kennen den ehrgeizigen, eleganten Moskowiter schon, der auf die geschmeidigste Art von der Welt dankbar, auf die gefälligste glücklich, auf die charmanteste bestechlich ist. Natürlich wird er sich nicht lumpen lassen. Samuel Barber – ein köstlicher Reißer, ohne jeden Zweifel. Aber wer beendet mit Samuel Barber einen Leningrader Konzertabend? Das ist doch pure Virtuosität, importierte dazu. Ein brillantes Fegefeuer. Aber der Himmel? Towarischtsch Roshdestwenskij, verdienter Tonkünstler der Sowjetunion zweifellos, hat sich unzählige Male mit formvollendeten Rumpfbeugen für den Applaus bedankt, und jetzt, da die Leute die ersten Anzeichen von Ermüdung zu erkennen geben, tritt er einen Schritt vor, zieht an der blütenweißen Frackweste und macht deutlich, daß er sich dem Übergewicht der Sympathie nicht länger zu entziehen gedenkt.

Das Haus hält den Atem an und vernimmt, daß noch einmal Tschaikowskij zu hören sein wird: eine Paraphrase, ein Tongemälde, eine Orchestersuite – ich verstehe nicht, welches oder welche. Name ist Schall und Rauch. Musik ist alles. Musik, Musik vor allen Dingen ...

Aber dann beginnt es, und über den ersten Arpeggios und Harfenzupfern dämmert in der Morgenröte zartester Bläsertöne der ›Schwanensee‹ auf, und ich verstehe, weshalb diesen Menschen Prokofjew so wenig und Mozart nicht viel mehr galt. Dieser ist nicht von ihrer Art, jener nicht nach ihrem Geschmack. Aber Tschaikowskij – das ist reinstes Rußland: Weite, Macht, Zärtlichkeit, Süße, Sentimentalität, Rhythmus, Schweben, Dröhnen, Tanz, Werben ...

Es wird eine lange Zugabe; wem könnte sie lang genug sein? Der genialische Komödiant, der nicht nur die Süße des Beifalls, sondern auch die der Kunst zu schmecken und schmecken zu machen weiß, führt die Leningrader Philharmoniker vom gehauchten Pianissimo zum sprengenden Fortissimo und schwingt sich auf zum Herrn über Raum und Zeit. Die weißgoldenen Säulen wiegen sich, die Kapitelle beginnen zu lächeln, die Lüster haben Tränen seliger Rührung in den Lichtaugen, die eilenden Minuten halten den Atem an, die Decke hebt sich – und hernieder senkt sich auf Gerechte und Ungerechte, Kommunisten und Kapitalisten, Russen, Amerikaner und Deutsche beider Vaterländer der Himmel der Kunst.

Lenin, Viktor und Leningrad

Tag für Tag – von den wenigen abgesehen, an denen das Mausoleum geschlossen bleibt – bewegt sich die riesige Schlange in wohldirigierten Windungen über den Roten Platz auf den dunklen, schmucklosen und sich vor dem Kreml merkwürdig fremd ausnehmenden Block zu, in welchem der Heilige der Weltrevolution, ihr Lehrer, Theoretiker und erster Führer Wladimir Iljitsch Lenin, dem Jüngsten Tage entgegenschläft, offenbar um sich beim ersten Trompetenstoß des großmächtigen Engels Gabriel von seinem Lager zu erheben und den letzten Sieg der Weltrevolution zu erstreiten. Das Himmelreich, so heißt es doch, leidet Gewalt, und wer wollte daran zweifeln, daß dieser vielleicht gebildetste, intellektuellste aller kommunistischen Revolutionäre zugleich ihr kältester Gewalttäter war.

Das Licht über ihm wirft einen magischen Kegel auf die sterbliche Hülle, die durch chemisch-balsamische Einflüsse der Verwesung entzogen ist, und übergießt Gesicht und Hände mit leichtem Phosphorschein. Die Miene ist Maske geworden, nicht Totenmaske, sondern Maske schlechthin. Sie stellt etwas dar, was sie nicht mehr sein kann. Die indianische Kindermumie, die ich in Santa Fé sah und die anderthalb Jahrtausende und älter war, beschwört mehr menschliches Schicksal, mehr Tragik, mehr Sinnbildlichkeit herauf als dieser Naturalismus gegen die Natur. San Zeno in Verona, unten in der Krypta, halb Mumie, halb Reliquie, von gelegentlichen Besuchern des edlen Bauwerks angestaunt, liegt im gläsernen Sarg ohne den Anschein eines Wunders, einer Besonderheit. Der tote Wladimir Iljitsch Lenin aber thront hier, von Soldaten bewacht, wie ein schlafender Regent, den die Schar der namenlosen Untertanen aufsucht, um einen scheuen Blick auf die Züge zu werfen, die endlich einmal ruhen, auf die Stirn, die sonst von trotzigen Gedanken und umwälzenden Ideen bedrängt ist, auf die Hände, die sonst Befehle, Gesetze, Ernennungen und Urteile unterschreiben.

Vieles hat man getan, um dem Auge den lebenden, nur scheinbar ruhenden Lenin darzubieten. Aber für den kritischen Blick bleibt unverkennbar, daß dies nicht nur die Hülle des toten, sondern vor allem des kranken Lenin ist. Was die Natur vorzeitig in Auflösung versetzte, können menschliche Kunststücke nicht wieder gesunden machen.

Aber die Menschen kommen von nah und weit, stehen geduldig in der Schlange und harren dem Augenblick entgegen, da sie ihn sehen, den großen Toten. Wer aus den Ländern der UdSSR und aus aller Welt nach Moskau kommt, versäumt nicht, sich eines Tages einzureihen und dem einbalsamierten Gründer des sowjetischen Staates seine Reverenz zu erweisen, die zwischen Neugier und Verehrung alle Stufen menschlicher Teilnahme durchlaufen mag. Man hat nicht viel Zeit, sich umzuschauen unter den Nachfolgenden oder Vorausschreitenden und ruhig abzuwägen, wo naives Staunen, kindliche Ehrfurcht oder auch Verehrung die Mienen beschleicht – die Sekunden der Wahrnehmung sind gezählt. Unter den prüfenden Blicken der Wachsoldaten, die am Eingang und vor dem Sarkophag stehen, verliert man die Unbefangenheit; sie scheinen, Elitetruppen zugehörig, durch Mäntel und Jacken in das Herz zu sehen und dort vielleicht die leiseste Falte von Skepsis zu entdecken. In keiner Kirche, keinem Tempel, die ich je betrat, fühlte ich die Ehrfurcht so nahe der Furcht verwandt. In italienischen Gotteshäusern sprechen die Frauen miteinander und tätscheln in Gedanken zärtlich die Gliedmaßen einer Marmorputte. Durch das »Tal der Gefallenen«, das Nationalheiligtum Franco-Spaniens, ging man schon wie durch einen deutschen Dom. Das Lenin-Mausoleum in Moskau aber gleicht einem Tabernakel. Und weil es mehr Ehrfurcht und Unterwerfung zu fordern scheint als irgendein Ort religiöser Verehrung oder kultischer Weihe, und weil doch der Marxismus aller Metaphysik abgeschworen hat, gewinnt alles für einen liberalen und einigermaßen weitgereisten Mitteleuropäer einen unleugbaren Anschein von Götzenverehrung.

War es nicht Stalin, der Usurpator des Erbes (das Lenin ihm durchaus nicht zugedacht hatte), der dieses Mausoleum erbauen ließ? Der Betrüger dem Betrogenen? Schon die »Heiligsprechung« ist mit dem Gift der Unwahrhaftigkeit getränkt. Dann das jahrelange Nebeneinander. Und dann die Verbannung des Usurpators. Wird Lenin nun als der Alleinseligmachende, der Alleinheilige der Weltrevolution das Mausoleum bewohnen? Oder gibt es Aspiranten, Spekulanten auf ein neues Nebeneinander?

Platz für Gräber an der Kremlmauer ist reichlich. Auch an ihnen führt der Weg vorüber. Sie nehmen sich freilich bescheidener aus und befremden darum nicht. Aber der Block des Mausoleums, vor dem so in jeder Hinsicht andersgearteten

Kremlbezirk, bleibt befremdend, befremdend wie der tote Lenin.

Der Lebende hat einige wenige Zimmer in einem Verwaltungsgebäude des Kreml bewohnt, die von spartanischer Einfachheit sind. Eine Führerin, der man die überzeugte Marxistin-Leninistin auf den ersten Blick ansieht, läßt keine Zweifel daran aufkommen, daß alle Einfachheit aus der Askese, dem fanatischen Dienen (oder Herrschen), der proletarischen Moral her zu deuten ist. Und ganz gewiß verhält sich die goldstrotzende, alles gewohnte Maß überschreitende Überpracht des Zarenkreml, die Flut und Flucht kostbarster Räume, die man staunend durchwandert, zu diesen wenigen, karg und amusisch möblierten Arbeitszimmern wie Feuer zu Wasser. Man gewinnt eine Vorstellung von der Unerbittlichkeit, ja Unbestechlichkeit dieser Revolution, zumal, wenn man sich des Parvenütums gewisser »Arbeiterführer« aus dem Dritten Reich entsinnt. Wir wissen zu wenig von diesen Leuten – was ein Fehler von *uns* ist, weil wir uns für klüger halten als sie –, und *sie* wissen freilich zu wenig von uns – was jedoch ihr gutes Recht wäre, wenn sie wirklich dümmer wären als wir.

Nach Leningrad wollten wir mit der Eisenbahn fahren, obwohl das natürlich mehr Zeit und Umstände erforderte als ein Flug; man führte uns das auch eindringlich vor Augen. Aber wir blieben hartnäckig. Meine amerikanische Freundin Charlotte Pekary, die Professorin, fuhr in Deutschland immer zweiter Klasse mit der Bundesbahn: das sei die beste Gelegenheit, die Menschen eines anderen Volkes kennenzulernen.

Beinahe hätten wir den Zug verpaßt; die energische Kondukteurin rüffelte uns tüchtig, als wir erst drei Minuten vor Abgang des Nachmittags-Expreß auf dem Bahnsteig erschienen. Wir hatten kaum unser Gepäck in den Wagen dirigiert, da fuhr der Expreß ab.

Eigentlich reisten nur drei Schriftsteller; aber wir benötigten diesmal sechs Plätze. Außer Steshenskij und der Meisterin begleitete uns noch Viktor, ein etwa fünfunddreißigjähriger Russe, der neben Richard Gerlach saß und den ich zunächst für eine bemerkenswerte Zufallsbekanntschaft hielt. Ich hörte die beiden miteinander deutsch reden und dachte während der Fahrt hin und wieder: was es doch für sprachgewandte Leute unter den Russen gibt ...

Die beiden saßen rechts von Böll und mir – die russischen

Eisenbahnwagen haben den Durchgang in der Mitte –, Steshenskij und die Meisterin saßen hinter uns, Rücken gegen unsere Rücken. Böll hatte den Fensterplatz, und ihm gegenüber saß ein älterer Herr, der sehr müde schien; er schlief erst einmal anderthalb Stunden als Russe, um sich dann als ehemaliger Bürgermeister der neuseeländischen Hauptstadt Wellington zu entpuppen. Neben diesem, also mir gegenüber, saß ein Marineoffizier, ein Leutnant, der freilich sehr wenig westlichen Vorstellungen entsprach. Wie sich später herausstellte, war er, eine Art Findelkind, unter den herben Fittichen des Staates aufgewachsen, der sich des elternlosen jungen Vagabunden angenommen und ihn schließlich zu einem proletarischen Offizier erzogen hatte. Er sprach zwar, in Ermangelung von Talent oder Schulung, kein einziges Wort einer fremden Sprache, nahm aber ganz gewiß zuverlässig seine begrenzten militärischen Funktionen wahr.

Gerlach und Viktor gegenüber saßen zwei Frauen; eine von knapp fünfzig Jahren, die später nicht unkritisch die Äußerungen des Zuglautsprechers verfolgte, und eine andere von etwa siebzig Jahren, eine typische russische *babuschka,* deren Bewegungsraum durch ein mächtiges Paket, das sie unter ihrem Klapptisch plaziert hatte, sehr beengt war. Da sie indes selbst kaum fünfzig Kilogramm Körpergewicht haben mochte, war die Platzfrage weniger problematisch; problematischer schien mir, wie sie ihr Paket hernach bewältigen würde. Aber – bis Leningrad war ein weiter Weg. Vielleicht wartete dort ein Sohn. Wenn nicht, konnte man notfalls menschenfreundlich sein.

Der Zug fuhr, nicht sonderlich schnell, durch flache, spärlich besiedelte Landschaft – die Furcht, etwas zu versäumen, beschwichtigte sich bald. Man nickte ein bißchen ein und war erst wieder zu exakterer Wahrnehmung entschlossen, als der Russe aus Wellington seine Reiseverpflegung auf dem Klapptisch auspackte und damit einen allgemeinen geselligen Imbiß provozierte. Der Marineleutnant öffnete, als er unsere mageren grünen Äpfel sah, seinen mit herrlichen gelben Äpfeln angefüllten Pappkoffer, schob verächtlich unsere Früchte beiseite und bot jedem eine an, die dem Paradies (der Bauern und Arbeiter) Ehre machte.

Ein Neuseeländer in der Sowjetunion – das war nicht zu verachten. Es gab ein angeregtes, freundlich-kritisches Gespräch, während wir kauten und stopften, schnitten und bröckelten, und der Lordmayor entpuppte sich als gänzlich unsnobistischer Herr, der manches *»very interesting«* fand, ohne darüber die entdeckten Schwächen zu verschweigen. *»Service very slowly«*, bemerkte er elegisch.

Wir bauten gemeinsam den Proviant ab, den Steshenskij durch das Hotel »Peking« hatte anrichten lassen, holten im Nebenwagen, wo ein reizender Zugkellner (oder Schaffner, der im Nebenberuf kellnerte) Limonade verkaufte – sein »Bitteschön« hätte jede westliche Stewardeß beschämt –, etwas gegen den Durst und trudelten unter gelegentlich trommelfeuerartig auf uns einprasselndem Beschuß aus dem Zuglautsprecher in die Nacht hinaus. Das Mütterchen lauschte, zwischen Ergriffenheit und Schlaf hin- und hergerissen, einem Humor, dem ihre jüngere Nachbarin mit betonter Reserve begegnete. Aber manchmal lachte auch sie, beinah ärgerlich über sich selbst, während der Marineleutnant mit jedem Lacher offensichtlich mehr Vertrauen in die eigene Intelligenz gewann. Gibt es eine zuverlässigere Nagelprobe auf die Intelligenz und den Geschmack eines Menschen als seine Reaktion auf Witz und Humor?

Ich möchte diese sechs oder sieben Stunden Bahnfahrt nicht aus meiner Erfahrung streichen; aber als sie schließlich überstanden waren, atmete man doch auf. Der Komfort eines sowjetischen Expreßzuges ist bescheiden; einen Speisewagen gibt es nicht, Alkoholika werden ebenfalls nicht ausgeschenkt, und der Zwang, sich durch einen Lautsprecher, den man nicht einmal versteht, unterhalten zu sehen, erhöht das Wohlbefinden eines reisenden Ausländers auch nicht.

Wir wurden auch hier von »Kollegen« erwartet; man kümmerte sich um unser Gepäck. Wer aber würde sich um unser Mütterchen und das riesige Paket kümmern?

Meine Sorge war unbegründet. Das riesige Paket gehörte gar nicht dem schwachen, alten Mütterchen – es gehörte einem kräftigen, etwa vierzigjährigen Mann, der binnen weniger Minuten acht oder zehn solcher Pakete, die er jeweils – offenbar lange vor Abgang des Zuges – unter den Klapptischen seiner Wagengenossen plaziert hatte, mit der Hilfe eines ihn erwartenden Kollegen aus dem Zuge wuchtete. Ich sah den Vorgang mit Erstaunen; aber er leuchtete mir ein. Ich habe keine Ahnung, welchen Inhalt die sehr großen, kräftig verschnürten Pakete bargen. Aber ich schätze, daß etwa sechs oder sieben Zentner Fracht auf diese Weise den kostenfreien Weg von Moskau nach Leningrad zurücklegten. Mangelware? Freie

Spitze? Die geprüften Russen werden sich zu helfen wissen – in diesem wie in jedem anderen Falle.

Aber – Viktor soll uns jetzt beschäftigen; denn Viktor ist keine zufällige Reisebekanntschaft, wie ich zunächst naiverweise annahm, sondern ein uns zugeordneter zusätzlicher Reisebegleiter, ein sich auf bisher nie erlebte Art um unser Wohl und Wehe, unsere Ausgänge und Seitensprünge, Wünsche und Pläne kümmernder »Schutzpatron«, den eine bestimmte, aber von mir nicht bestimmbare Stelle für diesen Auftrag auserkoren hatte. Er war ein Kommunist *comme il faut* (oder *fallait*); möglicherweise sogar »Stalinist«, zumindest in dem Sinn, daß er alle entscheidenden Weihen zu Zeiten des Georgiers empfangen und vermutlich an diesen »geglaubt« hatte wie der Großadmiral Dönitz an den Führer. Darüber hinaus aber schien er von jener Korrektheit, Genauigkeit, Organisationslust zu sein, wie manche Beamte und Funktionäre des Dritten Reiches es gewesen sein müssen, auf deren Dienstwilligkeit und Ausführungstalente mancher auch heute noch nicht verzichten möchte. Er war mit einer Ärztin verheiratet, einer offenbar sehr attraktiven Frau, deren Bild er – nach entsprechender Aufforderung – uns nicht ohne Stolz zeigte. Er war sauber gekleidet, hatte allerdings versäumt, sich einen vernünftigen Mantel mitzunehmen, wohl weil er meinte, in Georgien und am Schwarzen Meer mit einer Regenhaut auszukommen. Daß aber vor diesem Ausflug in den Süden vier Tage im nördlichen Leningrad bestanden sein wollten, lernte er erst an Ort und Stelle einsehen. Einen Tag lang lehnte er hartnäckig das Angebot ab, meinen Wettermantel zu tragen, den ich neben einem wärmeren Übergangsmantel mitführte. Er glaubte wohl, dem Ansehen der Sowjetunion oder des Kommunismus solchen »Stolz« schuldig zu sein.

Schon während der Fahrt war mir aufgefallen, daß er der Anbiederung des Äpfel spendenden Leutnants und dessen Reden und Fragen mit Reserve und leichtem Unbehagen begegnete. Er war auch dagegen, daß ich dem alten Mütterchen etwas von unserem Imbißpaket anböte. »Sie hat zu essen, bestimmt, ganz bestimmt!« argumentierte er energisch. Und oft noch in der uns gemeinsamen Woche sollte er versuchen, Mängel oder Nachteiliges vor uns zu verbergen, das Vorteilhafte zu unterstreichen, die Schattenseiten des Bolschewismus aufzuhellen oder seine Thesen und Politik zu rechtfertigen . . .

Das Gespräch mit Viktor wurde von mir eröffnet, als wir die Kasematten der Peter-Pauls-Festung besichtigt hatten, in denen eine Reihe von Revolutionären vom Zaren gefangengehalten worden waren.

Wir wurden von einem jungen Studenten geführt, der außerordentlich dem jugendlichen Philipp IV. von Spanien ähnelte, welchen Velazquez etliche Male gemalt hat, und der von ehrgeizigem Fanatismus beseelt schien. Er hatte die Geräumigkeit der Zellen – sie maßen etwa vier mal sechs Meter im Quadrat – mit der Absicht des Zaren erklärt, in den Gefangenen ein Gefühl äußerster Verlorenheit aufkommen zu lassen. Tisch, Stuhl und Drahtbett sollten diese Verlorenheit vermutlich noch erhöhen.

Mir ging solche Argumentation über die Hutschnur, und ich erlaubte mir, draußen – nach Beendigung des Rundgangs – zu dem neben mir gehenden Viktor zu sagen: »Glauben Sie nicht, daß noch viele, viele Tausende am Leben wären, wenn Stalin seine Gefangenen unter ähnlichen Bedingungen in Haft gehalten hätte, wie sie in dieser Festung für die Revolutionäre galten?«

Viktor sah mich schockiert und zugleich verweisend an. »Was wollen Sie damit sagen?!«

»Daß Stalin mit seinen Gegnern ungleich unmenschlicher verfuhr als offenbar der Zar.«

»Das ist sehr schwer zu entscheiden ...« sagte Viktor kühl. Er war spürbar bestrebt, das unbequeme Gespräch einfrieren zu lassen. Aber ich tat ihm diesen Gefallen nicht, sondern sagte: »Das Schlimme ist doch wohl, daß es nicht einmal Feinde und Gegner waren, die er einsperren und umbringen ließ ...«

»Wie wollen Sie das wissen ...?« Es klang wie ein strenger Verweis.

»Nun, es waren doch samt und sonders Kommunisten, Parteigenossen, Kampfgefährten, alte Revolutionäre, die er verfolgte. Das weiß man doch heute sehr genau. Durchaus keine Konterrevolutionäre und Staatsfeinde also ... Schlimmstenfalls Rivalen.«

»Rivalen? Möglich. Ja, das kann man vielleicht sagen, daß es Rivalen waren. Das mag richtig sein.« Das Rivalenmotiv verlieh der Stalinschen Grausamkeit in seinen Augen wohl eine gewisse Legitimierung. Aber wahrscheinlich sah er in Stalin gar nicht Stalin, sondern die Sowjetunion und den Kommunismus attakkiert; und *dagegen* verwahrte er sich.

Natürlich führte uns der Student mit der habsburger Unterlippe auch an die »ewige Liegestelle« jenes Panzerkreuzers, der die Revolutionäre bei ihrem Sturm auf das Winterpalais unterstützt hatte, und an das »ewige Feuer«, das zum Andenken an ihren Einsatz brennt, und einmal mehr zeigte sich die Schwäche der sowjetischen Atheisten für die Mystifizierung der unbeseelten Materie. Und selbstverständlich versäumte er auch keine Gelegenheit, auf die Rolle, die Person, die Verdienste Lenins hinzuweisen und uns dabei immer zu den parteigerechten Perspektiven zu verhelfen. Er hatte in seinem kurzen Leben vermutlich nie an »Glaubenszweifeln« gelitten, sondern strahlte geradezu jenen erbarmungslosen Fanatismus aus, der manchmal jungen Menschen eignet, die den Mangel an Erfahrungen durch ein Übersoll an Überzeugtheit aufzufüllen suchen. Als er von einem Lenindenkmal berichtete, das ein berühmter Bildhauer verfertigt habe und das sich auf einem Bahnhofsvorplatz befinde, fragte ich harmlos: »Ist das nicht der Bahnhof, auf welchem wir ankamen?«

Er stutzte, überlegte und verneinte dann meine Vermutung energisch. Ich sagte im Tone leichten Protestes: »Aber da befand sich ein großes Lenindenkmal!«

»Natürlich«, sagte er etwas ungehalten. »Es gibt viele Lenindenkmäler in unserer Stadt. Das ist ganz klar! Lenin ist schließlich der Begründer unseres Staates.«

Als wir uns nach Abschluß des Rundganges von ihm verabschiedeten, bat ich ihn, noch eine Tassee Kaffee mit uns zu trinken. Es reizte mich, im Gespräch zu untersuchen, ob sich hinter diesem vorzeitigen Inquisitor nicht doch ein Stück unbefangener Menschlichkeit verberge. Aber er lehnte die Einladung höflich und ohne Zögern ab.

»Ich danke sehr. Ich habe noch zu tun«, sagte er mit strenger Miene.

»Sie sind mit einem Mädchen verabredet«, sagte ich freundlich und verstehend. Und da flog eine leichte Röte über seine asketischen Wangen, und er lächelte flüchtig. »Guten Tag nochmals!« sagte er, ein wenig um seine Sicherheit gebracht, verbeugte sich knapp und entschwand.

In Moskau residiert der tote Lenin; Leningrad aber trägt seinen Namen. Dort führte er die Revolution zum ersten und entscheidenden Sieg. Aber so oft man auch die Namen von Städten auswechseln wollte – ihren Charakter kann man schwerlich ändern. Nicht einmal die Belagerung der Stadt durch die Deutschen hat ihren Kern berührt. Hitler hatte schon die Eintrittskarten für die Siegesfeier im »Astoria« drucken lassen und das Programm der »Festlichkeiten« aufgesetzt. Am 7. November 1941 sollte die große Parade abgenommen werden – drei Orden waren gestiftet »für die Eroberung Leningrads«. Aber der Ring, der die Stadt lange in Bedrängnis und Hunger hielt, wurde aufgesprengt. Man sieht heute keine Spuren mehr; sie sind musterhaft getilgt. Aber: so viele Lenindenkmäler man auch auf Straßen und Plätzen, so viele Leninbüsten man in Hallen, Sälen und Gebäuden antrifft – ist man nicht doch im alten Petersburg?

Unser Student hatte recht; Lenin stand überall: in den Bahnhofsvorhallen, in der U-Bahn, in den Parks, an Straßenkreuzungen, eingangs der Städte, ausgangs der Städte, auf zahllosen Plätzen, vor den Flughäfen, auf den Schwarzmeer-Promenaden, in Theatern und Museen, Hotels und Bibliotheken – die halbe sowjetische Bildhauerschaft schien mit der Herstellung von Statuen und Büsten dieses einen Mannes »ausgelastet«. Aber mochte es auch halbwegs gelungen sein, aus Moskau eine kommunistische Metropole zu machen – Leningrad bleibt, Tausenden von Denkmälern, Bildern und Büsten zum Trotz, Petersburg, wie Potsdam Potsdam und Versailles Versailles bleiben, solange die Steine reden.

Niemand bezweifelt, daß dieser Lenin ein extraordinärer Kopf gewesen ist, daß er Geschichte gemacht hat, daß er seinem Nachfolger, dem Spießer Stalin, in allen Fragen des Geschmacks weit überlegen war – die Sowjetunion ist ohne ihn nicht zu denken. Aber seine Jünger und Erben behandeln ihn wie einen eitlen Duodezfürsten, indem sie, anstatt einige künstlerisch anziehende Denkmäler an bevorzugten Plätzen aufzustellen, seine konfektionierte Gestalt mit einer inflationistischen Regelmäßigkeit in die Stadtbilder einfügen, die man sonst Hydranten zugesteht. Über Geschmack sei nicht zu streiten, sagt man. Wollte man jedoch in diesem Bereich kritisch Maß an den Sowjetkommunismus legen – man käme zu niederschmetternden Schlüssen.

Aber man ist in – Petersburg. Die Eremitage erinnert daran, die Festung, die Peter-Pauls-Kathedrale und die Isaaks-Kathedrale, der große Konzertsaal, in dem wir Oistrach hörten, das Hotel, in dem wir wohnten, die breiten Straßen mit den alten, aber dauerhaften Bürgerhäusern, die mächtig dahinströmende Newa, die weiträumigen Plätze. Hier versuchte der Zarismus Gesicht zu zeigen; hier investierte er ungeheure Mittel und Materialien, auch Menschen, um eine Hauptstadt großen Stiles zu erbauen. Hunderttausend Menschenleben soll allein der Bau des Festungsgeländes und der Kathedrale gekostet haben, von deren Kanzel herab (die eine Ausnahme im Raum der russischen Kirchen darstellt) einst die Exkommunikation des Grafen Leo Tolstoi ausgesprochen wurde. Mit Menschenleibern und Menschenleben ist man in Rußland zu allen Zeiten großzügig umgegangen. Wer freilich sagt mir, ob ich den Bauern Teluschkin den hunderttausend Bauopfern zuzählen darf oder nicht?

Teluschkin nämlich, ein schlichter Leibeigener, hatte den Schneid aufgebracht, die 122 Meter hohe Turmspitze der Peter-Pauls-Kathedrale zu erklettern, um dort eine kleine Reparatur vorzunehmen, und war vom Zaren dafür mit einem Becher belohnt worden, den jede Schänke im Zarenreich ihm zu füllen hatte. Innerhalb weniger Monate hatte er sich zu Tode getrunken. –

Man ist in Petersburg, und es läßt sich nicht übersehen, daß da und dort noch alte Maße gelten. In der Eremitage zum Beispiel ist eine ostasiatische Ausstellung, die von den höchsten Höhen ältester Kultur bis hin zu den Niederungen gegenwärtiger chinesischer Zweckkunst führt. Man kann sie nicht ohne Staunen, Entzücken und – Beschämung sehen.

Das Palais ist voll einfach gekleideter Besucher, die schweigend von Saal zu Saal gehen: von Picasso zu Gauguin, von den Italienern zu den Niederländern, den älteren zu den neueren Russen. Und gibt es einen Maler, der so reich an reiner, gewinnender Humanität ist wie Murillo? Ich glaube, die schönsten Murillos gibt es in der Leningrader Eremitage.

Picasso staunen sie unsicher und zweifelnd an. Er soll Kommunist sein, heißt es. Aber seine Bilder verwirren. Vor den Murillos dagegen lächeln sie einander zu. Seine Bilder gehören, wie weniges Große in der Kunst, den großen wie den kleinen Leuten, den Reichen wie den Armen. Und daß sie in Leningrad hängen, macht diese Stadt nur noch anziehender. Sie ist eine Reise wert, auch wenn sie nicht unbedingt so weit und kostspielig sein muß wie die unseres neuseeländischen Expreßgefährten, des einstigen Lordmayors von Wellington.

Alle schmückenden Bauten und dekorativen Plätze freilich, alle historischen Denkmäler und zaristischen Reliquien reichen nicht aus, den besonderen Zauber dieser Stadt zu erklären.

Es ist wohl das nahe Meer, dem die mächtige Newa zuströmt, der kühlere »pfiffige« Norden, die Hansenatur und Weltzugewandtheit der Siedlung, ein Zustrom europäischen Geistes, westlicher Leichtigkeit und Umgänglichkeit . . . unserem Wesen verwandte Züge also, die man spürt und begrüßt. Zwölf Tage waren wir in Moskau, ohne daß jemand uns auf offener Straße angesprochen hätte. In Leningrad mußte Viktor etliche Male gesprächswillige Studenten mit energischem *»Tscho-Tscho-Tscho!«* abdrängen. Und einige Male, als er nicht zur Stelle war, kam denn auch ein Frage- und Antwortspiel nicht unbedingt linientreuer Thematik zustande.

Helsinki war nah, Stockholm, Kopenhagen. Die große Freiheit lag zwar nicht vor der Tür, aber es wehte doch, wenn der Wind günstig stand, ein Hauch von ihr herein. Moskau liegt zentral, da gibt es kein Ausweichen. An der Peripherie aber erkühnen Blick und Seitenblick. Die Leningrader erschienen mir gewitzter, auch in ihrer Kleidung; auch tanzten sie kecker. Im Leningrader Konzertsaal sah man mehr gutangezogene Leute als in der Moskauer Oper. Das Hotel, wenngleich alter Bauart, war komfortabler, die Straßen waren belebter. Sogar in eine Art westlichen Cafés konnte uns Viktor führen, wo wir den besten Kaffee der Sowjetunion tranken und hervorragenden Kuchen erhielten – mir schien allerdings, daß Viktor die Bedienung mit unerbittlicher Anweisung versehen hatte. Nur der Hinweis auf ein Restaurant, in dem es tschechisches Bier geben sollte, erwies sich als trügerisch. Dafür war die Reaktion der Kellnerin um so imponierender und von jeder Duckmäuserei frei: »Tschechisches Bier? Seit Monaten haben wir keins mehr gesehen. Die Tschechen schicken überhaupt kein Bier mehr«, sagte sie herausfordernd, als wollte sie hinzufügen: Sie werden ihre Gründe haben. Was blieb dem erstaunten Viktor anderes übrig, als Champanskoje zu bestellen? Um so merkwürdiger war es, in dieser so augenfällig an Vergangenes und Bekämpftes erinnernden Stadt, die dazu einlud, die Gegenwart zu vergessen, sich fortlaufend daran gehindert zu sehen. Dieses aber vollbrachte Viktor in den ersten Tagen mit einer so plumpen Geschicklichkeit, daß wir allesamt Gefahr liefen, die Nerven und darüber die Lust an der Reise überhaupt zu verlieren. Zehn Tage lang hatten wir in Moskau und während aller Unternehmungen das Gefühl gehabt, umsorgt, geleitet, gefördert zu sein; mit einem Mal sahen wir uns bespitzelt, gegängelt und behindert. Ohne daß wir erklären konnten, wie es zustande kam, fiel uns plötzlich auf, daß wir nie mehr allein waren, nie mehr zu zweit oder zu dritt miteinander reden konnten.

Zunächst bot sich eine Erklärung an: Steshenskij, der in Moskau bei seiner Familie wohnte, mußte nun mit uns im Hotel wohnen; er war dadurch ständig präsent. Hinzu kam, daß wir nun zwei Reisebegleiter hatten an Stelle von bisher einem. Aber nach Ablauf der ersten vierundzwanzig Stunden war deutlich, daß unser Alpdruck – um mit dem Leiter des Sagorsker Priesterseminars zu sprechen – nicht eine Folge erhöhter Quantität, sondern verstärkter Qualität war. Des Unbehagens und Rätsels Lösung aber hieß – Viktor. Viktor erschien plötzlich als jener »zweite« Mann, der in der Methodik kommunistischer Politik als Schatten des ersten Mannes auftaucht und sich so lange in dieser Schattenrolle zu bewähren hat, bis ihm eines Tages die Rolle des ersten Mannes zufällt, dem sich dann wieder der Schatten eines zweiten zugesellt. Und da wir Steshenskij in diesen ersten zehn Tagen schätzen gelernt hatten und ihn nun durch die Zuordnung dieses viktorialen Schattens etwas entrechtet sahen, begannen wir, an Viktor zu leiden. Zugleich aber trachteten wir danach, ihn durch kleine Schachzüge mattzusetzen.

Während unseres ersten gemeinsamen Abendbummels durch Leningrad entdeckte ich plötzlich meine alte Vorliebe für Kohlrouladen, die in Form von bulgarischen Konserven in einigen Schaufenstern auftauchten. »Viktor«, sagte ich, vor einem Geschäft stehenbleibend, »ich sehe etwas, was es bei uns nicht gibt, was ich aber außerordentlich schätze.«

»Ich verstehe nicht, was Sie meinen. Ich sehe nichts Außergewöhnliches«, sagte Viktor, der argwöhnisch wahrnahm, wie die anderen sich von uns entfernten.

»Kennt man Kohlrouladen in der Sowjetunion?« fragte ich. Viktor kannte sie nicht; darum konnte ich sie ihm angelegentlich empfehlen. Und da der Preis nicht vermerkt, aber mein Interesse an dieser Konserve nicht abzuweisen war, mußte Viktor im Laden noch nachfragen, wie viele Rubel bzw. Kopeken diese bulgarische Einfuhr koste. Dann erst konnten wir der Vorausabteilung nachfolgen.

Als wir die anderen erreichten, fanden wir sie schon in einen kleinen Disput mit jungen Leuten verstrickt. Aber Viktors Miene, Haltung, Blick, Geruch – was weiß ich – unterbanden unmittelbar eine Fortsetzung des Gesprächs. Es war offenkundig: Viktor »verkörperte« das System, den Staat, die Partei auf eine unmißverständliche Art. –

Da es uns nach sechsunddreißig Stunden noch nicht gelungen war, eine Unterhaltung unter Ausschluß der Kontrollorgane zu führen, verabredeten wir telefonisch ein extemporiertes Rendezvous an der nächsten Straßenecke und verließen in kurzen zeitlichen und räumlichen Abständen das Hotel. Wir waren noch nicht eine Minute beisammen, da kam Steshenskij aus dem Hotelportal und auf uns zu.

»Muß mal frische Luft schnappen . . .« sagte er leicht verlegen. »Geht ihr mit?« Aber nachdem er uns den gesuchten Champanskoje-Laden gezeigt und beim Einkauf geholfen hatte, verabschiedete er sich und ließ uns allein weitergehen. Dafür erwartete uns Viktor schon in der Hotelhalle: er hatte eine Abendmesse für Böll ausfindig gemacht und stellte sich als Begleiter zur Verfügung. Nicht zuletzt diesem absonderlichen »gemeinsamen Kirchgang« war es zuzuschreiben, daß unser Reiseprogramm eine bemerkenswerte Korrektur erfuhr.

Mephisto und Faust im Dom, Gretchen nachspürend – das hat seinen Sinn; auch der Teufel gehört auf seine Weise ins Gefolge des lieben Gottes. Aber Viktor und Genrich . . .?

Es kam, wie es – dank Viktors Temperament und Sendung – kommen mußte: der Atheist betätigte sich als Schatten des Katholiken. Ging Genrich zwölf Schritte vorwärts, folgte ihm Viktor. Trat jener in eine Seitennische, zog es diesen magnetisch nach. »Immer zwei Meter hinter mir. Es fehlte nur noch, daß er mit mir auf die Knie ging während der Wandlung. Ganz sicher bin ich nicht. Es war fürchterlich, immer diesen Mann im Rükken. Ich mach' dat nit mehr mit . . .«

An diesem Abend kam uns der Zufall zu Hilfe: als Viktor in den Fahrstuhl folgen wollte, mit dem wir in unsere Etage fuhren – wir waren diesmal auf verschiedenen Stockwerken untergebracht, und das war ganz gewiß kein Zufall –, mußte er zurückbleiben, weil die zulässige Personenzahl bereits erreicht war. Wir winkten dem Verdutzten gute Nacht und widmeten uns in meinem Zimmer den nachmittags erstandenen Flaschen und dem seit Amsterdam mitgeführten Käse. Zwei Flaschen leerten wir zu dritt; dann zog es unseren Senior ins Bett. Die dritte Flasche leerten wir zu zweit. Gewöhnung, Thematik, Umwelt und seelische Gestimmtheit ergaben gegen Mitternacht eine Vereinfachung der gegenseitigen Anrede auf die sogenannte zweite Person. –

Im Verlauf des darauffolgenden Vormittags ergab sich eine Umdisposition unserer Reise, die einer auftretenden körperlichen und seelischen Unpäßlichkeit Genrichs Rechnung trug. Diese Abänderung war von Steshenskij, der den auf Heimreise Gestimmten zu einer ärztlichen Untersuchung überredet hatte, vorgeschlagen und von Moskau akzeptiert worden: die Meisterin, Gerlach, Viktor und ich würden die geplante Reise nach Tiflis und ans Schwarze Meer antreten; Steshenskij würde mit dem der Schonung bedürftigen Böll noch einige Tage in Leningrad verbringen. Nach vier Tagen würden wir alle wieder in Moskau zusammentreffen ...

Zuvor freilich stand noch ein wohlklingender Name auf unserem Programm: Puschkin – wie die Sowjets das einstige Zarskoje Selo heute nennen.

Die Anfahrt nach Puschkin führte über das Alexander-Newskij-Kloster. Unweit der Kathedrale, in der wir eine Gemeinschaft von Gläubigen versammelt sahen und einen Chor singen hörten, lag der alte Friedhof, den wir langsam durchwanderten, von Grab zu Grab. Fjodor Strawinskij, 1843–1902, so stand es auf dem einen zu lesen. Der Vater Igor Strawinskijs liegt hier. Auf einem anderen Grabstein entzifferte ich mühsam den Namen Mussorgskij. Dort drüben liegt Tschaikowskij, unweit davon Dostojewskij. Namen über Namen, Namen von Toten, die dennoch nicht tot sind; Namen der Gewaltlosigkeit oder der sanften Gewalt. Waren wir nicht in Leningrad, wo alles den Namen LENIN schrie? – Aber: einmal am Grabe Tschaikowskijs gestanden zu haben, wollte mir plötzlich unvergleichlich abenteuerlicher und bewegender erscheinen als im Sog der Massen und unter den Bajonetten der Wachsoldaten am einbalsamierten Lenin vorbeizudefilieren ...

Es war ein Tag wie jener in Jasnaja Poljana; ein Tag, an dem das zeitlose Rußland Gestalt gewann. Das Wetter war freundlich, ohne Sonne zwar, aber von angenehmer, erfrischender Trockenheit. Das Land lag weit und flach vor unseren Blicken. Nur selten brachten Bodenerhebungen Abwechslung in das Landschaftsbild – auf einer erhebt sich die Sternwarte Pulkowo.

Ich wußte nicht, was uns erwartete. Puschkin? Ein Ort, nach Puschkin benannt? Hatte er hier gelebt, gedichtet?

In dem Museum, das seinem Andenken gewidmet ist, gibt es einen interessanten Kupferstich, der den Poeten zeigt, Gedichte sprechend, von den Damen und Herren des Hofes umstanden und umsessen, die ihm lauschen, dem Urenkel eines Negers, den alle Kenner als den sprachmächtigsten Dichter russischer Zunge rühmen. Eine Idealgestalt nun schon und als solche höchst willkommen und geeignet, durch ihren Zauber und ihren Ruhm ein wenig abzulenken von den überdimensionalen

Bauten und Anlagen, den Galerien und Wandelgängen, Teichen und Wasserläufen, die in sanftem Fall auf die alles umgebende Waldung zuzustreben scheinen. Und gibt es schon der Attraktionen genug – der staunenden Besucher gibt es noch weit mehr.

Die Wohngebäude des Zaren – von einem Ausmaß, das allen Herrscherhäusern Europas fürstliche Bleibe gewährt haben würde – sind für eine Besichtigung nicht freigegeben. (Einige Flügel schienen von proletarischen Gästen – Parteikursen und anderen Schulungsunternehmen – bewohnt zu sein.) Aber die riesige Terrasse, auf der, vom blinden »Gomer« angefangen, sich die walhalla-ähnliche Front europäischer Geisteshelden in weißen Büsten präsentiert, kann man abschreiten und dabei nachdenken über Anspruch, Schicksal und Tradition von Imperatoren und deren Nachfolgern. Staunten die vielen Ausflügler, die auf dieser Terrasse auf- und abschritten, die auf den Teichen kahnten, auf den Wegen spazierten, nun einer großen und ihrem Selbstgefühl schmeichelnden *oder* einer feindlichen, ihre Einfachheit kränkenden Vergangenheit nach? –

Als wir uns auf laubraschelnden Waldwegen aus dem Bereich des zaristischen Versailles entfernten, kam uns eine Gruppe junger Mädchen entgegen, die aus dem bunten Ahornlaub Sträuße gebunden hatten und ein altes Volkslied sangen. Als sie uns begegneten, sangen sie leiser und schlugen zwischen Lächeln und Verschämtheit ihre Augen nieder, um dann wieder freier und lauter fortzufahren, als sie vorüber waren. Sie waren weder schön noch besonders anziehend gekleidet. Aber ihr einfaches Singen und die lautlose Stimme des rezitierenden Puschkin sind mir geblieben und haben die ganze Zarenpracht verdrängt. –

An diesem Abend hätte Viktor um ein Haar die Nationalfähnchen verwechselt, die in unserem Hotel die Tische zierten – man hatte uns dicht neben eine Delegation von deutsch-demokratischen Republikanern plaziert. Darum wechselten wir in eine andere Saalecke, wo ich später beobachtete, wie man den Sohn des Mannes, an dessen Grab ich am Vormittag gestanden hatte, in den Saal geleitete: Igor Strawinskij.

Ich hatte den Siebzigjährigen, zehn Jahre zuvor, in Paris seinen ›Ödipus Rex‹ und ein Konzert dirigieren sehen: federnd, elastisch, con fuoco (wie die Musikanten sagen) – man feierte ihn lange. Jetzt war er ein Greis, der sich an Stöcken fortbewegte, noch einmal ins Vaterland heimgekehrt, von seinen Landsleuten gefeiert (von der Parteikritik mit einigen Einschränkungen), ein Viertelstündchen im Sitzen dirigierend, auf der Höhe des Ruhmes, am Ende einer großen Laufbahn. Und während er sich in einem Seitensälchen, von zwei Herren gestützt, an einer festlich gedeckten Tafel niederließ, spielte die Kapelle zum Tanze auf, und Jung-Leningrad versuchte sich im Boogie-Woogie.

Einige Minuten lang beschäftigten mich der achtzigjährige Strawinskij, die Tragik menschlicher Hinfälligkeit, die Vitalität der Nachgeborenen. Und darüber kam mir die Erinnerung an jene unvergeßliche kleine Szene, die ich mit meiner Frau am Ende des Konzerts, das der energiegeladene Siebziger den Parisern damals gab, wahrgenommen hatte und die immer von neuem auflebt, wenn der Name Strawinskij fällt:

Neben uns taucht, im Beifallstrieb dem Podium zudrängend, eine üppige blonde, stürmisch und leidenschaftlich applaudierende Französin auf, die von einem großen, schlanken, sanften Neger begleitet ist. Auch er rührt sich fleißig; aber allmählich verlangsamt sich der Takt seiner schlagenden Hände, und während die enthusiastische Blonde mit immer neuem Händewirbel den russischen Maestro feiert, wagt der Schwarze eine kleine Atempause.

Madame, dies wahrnehmend, hält abrupt inne im Applaus und fragt, auf das höchste erstaunt: »Vous êtes fatigué . . .?«

Ein verlegenes, sanftes, gefügiges, sich ausbreitendes Lächeln, das eine Doppelreihe blitzender Zähne freigibt, und ein leise vibrierendes »Non, non . . .«, und Monsieur le nègre legt wieder die rosigen Handflächen zueinander und fällt von neuem in applaudierenden Trab.

Ein Lächeln – ein Widerschein – ein Kopfnicken.

Bravo! Bravo, Strawinskij!

Konstantin Simonow, der sich von langjährigem Aufenthalt in Georgien her auskennen mußte, hatte uns vor den dortigen Trinksitten gewarnt: »Ich habe einmal für die Fahrt von Tiflis ans Schwarze Meer, die man mit dem Wagen in sieben bis acht Stunden zurücklegen kann, fünf Tage gebraucht. Und dann habe ich noch drei Tage im Bett gelegen.«

Da uns für den Flug von Leningrad über Kiew nach Tiflis, den Aufenthalt in Georgien und am Schwarzen Meer und den Rückflug nach Moskau insgesamt nur dreieinhalb Tage zur Verfügung standen und die Gesellschaft unseres Pistoléros Viktor uns von jedem auch nur touristischen Diversantentum abhielt, brauchten wir so zeitraubende Konsequenzen nicht zu befürchten. Aber daß es wirklich seine Bewandtnis mit diesen Sitten hat, sollten wir zur Genüge erfahren.

Wir hatten gemeint, auf dem Fluge von Kiew nach Tiflis, der uns über die mondbeschienene Dnjepr-Landschaft trug, eine Stunde zu gewinnen; aber das Gegenteil war der Fall. Und da wir schon mit drei Stunden Verspätung in Leningrad auf die Reise gegangen waren, war es gegen 22 Uhr abends, als wir das erleuchtete Tbilissi (wie man in der Sowjetunion die Hauptstadt Georgiens nennt) unter uns wahrnahmen.

Wir waren zudem noch mit einem früheren Flugzeug erwartet worden – und zwar von insgesamt fünf Herren des georgischen Schriftstellerverbandes. Jetzt waren nur noch zwei zugegen, um uns zu empfangen und ins Hotel zu geleiten, untersetzte Gestalten mit dunkelbraunen Augen und dunklem Teint, denen nichts eigentlich Literatenhaftes anhaftete. Aber der Jüngere von beiden, der sich den Fünfzig nähern mochte, entdeckte sich anderen Tags als ein überaus angesehener und von vielen respektvoll gegrüßter Lyriker.

Die Herren führten uns in einen Warteraum, in dem wir aus unerfindlichen Gründen, aber der Bestimmung des Raumes gemäß, auf etwas warten mußten – möglicherweise auf eine Taxe. Immerhin verhalf uns das zu einer flüchtigen Bekanntschaft mit jenem amerikanischen Bassisten, der später in Moskau den Boris Godunow so wunderschön singen sollte, daß er von Väterchen Chruschtschow mit dem ungewöhnlichen Abschiedswunsch »Gott schütze Sie!« bedacht wurde. Jetzt und hier sollte er einige Baßpartien an der Tifliser Oper singen. Er war groß, ein sympathisch-prächtiges Mannsbild, trug schon eine fesche Pelzmütze und durfte sicher sein, durch Stimme und Erscheinung ein nicht zu unterschätzendes Guthaben an proamerikanischen Sympathien zu hinterlassen.

Schließlich brachen wir auf und strebten, an schemenhaft anmutenden, bereits verdunkelten Häusern und gähnenden Feldern vorbei, in knapp halbstündiger Fahrt unserem Ziele zu. Es war 23 Uhr, als der Wagen vor unserem Hotel hielt.

Es war alles anders als in Moskau: gemütlicher, etwas schlampiger, orientalischer eben – man vermeinte, in einem anderen Lande zu sein. Und weiß Gott, man war es ja auch. Grusien nennen's die Sowjets, vielleicht weil sie den heiligen Georg vergessen machen möchten. Aber die Grusier nennen's lieber Georgien; nicht weil sie unbedingt christliche Märtyrer-Ambitionen hätten, sondern weil sie die Umbenennung für überflüssig und albern halten mögen. Sie haben einen unverkennbaren Nationalstolz, der sich auf eine uralte Kultur, auf eine eigene Sprache und besondere Sitten berufen kann.

Mit tiefer Befriedigung sah ich unsere Dolmetscher – sowohl die Meisterin wie Viktor – in Sprachlosigkeit und Nichtverstehen versinken. Wir waren in den Händen der Georgier, die – als approbierte Literaten – natürlich auch des Russischen mächtig waren.

Towarischtsch Noneschwili, der das lyrische Wort führte, verdächtigte uns der Ruhebedürftigkeit, nachdem wir uns, gegen Abgabe der Pässe, in den Besitz unserer Zimmer gesetzt hatten. Aber wir wiesen solchen Verdacht weit von uns. Ich äußerte im Gegenteil den Wunsch, in einer volkstümlichen Schänke eine Flasche guten Weines zu trinken und überhaupt eine Prise unverfälschter georgischer Folklore zu nehmen.

Noneschwili dachte mit gefurchter Stirne nach.

Man könne hier im Hotel natürlich – es gebe da sogar eine Kapelle, die recht flott musiziere – es sei leider schon etwas spät ... Und er suchte Rat bei seinem Kollegen, dem Jagdschriftsteller. Währenddessen guckte ich kurz in den Speisesaal des Hotels, wo noch viele dunkelhäutige, schnurrbärtige Georgier tafelten und tranken und die Musikanten eben wieder dröhnend aufspielten. Ich erwog bei mir, ob ich nicht auf die improvisierte Folklore verzichten sollte, um bei der routinierten den unumgänglichen Schlaftrunk zu nehmen – da wurde ich vor das Hotel zitiert, wo die deutsch-russisch-georgische Mannschaft schon in einem Taxi wartete. Mein Wunsch würde erfüllt werden, verhieß Noneschwili in entschlossener Aufgeräumtheit.

Die Straßen waren noch erleuchtet, aber kaum mehr belebt, der Verkehr auf einen Restbestand zusammengeschmolzen, von dem unsere Taxe ein Viertel oder Fünftel auf sich nahm. So kamen wir flott voran.

Das erstemal hielt der Wagen vor einem Etablissement, welches bereits geschlossen zu haben schien. Eine lautstarke Stimme aus dem verdunkelten Innern bestätigte den Verdacht. Das zweite Ziel, das nach kurzer Beratung angestrebt wurde, erwies sich als ein Hotel, das im Begriffe stand zu schließen und sich auch durch die blumenreiche Rede Noneschwilis nicht davon abhalten ließ. Wir stiegen wieder ein, und nun ging es mit wildem Elan steil bergan, über abenteuerlich holpriges Kopfsteinpflaster; ich gab mich schon Hoffnungen auf ein ungewöhnliches Erlebnis hin, weil die beiden Georgier, wie mir scheinen wollte, erregt um diesen Entschluß gerungen hatten. Aber es war wohl nur ein Disput um Sinn oder Sinnlosigkeit dieses Unternehmens gewesen. Denn als der Wagen vor einem ausladenden Glasportal bremste und Noneschwili eine triumphierende Bemerkung machte, erlosch plötzlich das Licht, und in demselben Maße, wie der Lyriker in sich zusammensank, reckte sich der Jagdschriftsteller auf.

Nach drei vergeblichen Versuchen und vierzig Minuten währender Amokfahrt kehrten wir reuig ins Hotel zurück und nahmen unter Tambourgeschepper und Kniegeigengeschluchz an einem weißgedeckten Tisch Platz, und die beiden Georgier, entschlossen, den Ruf der Nation zu retten, bestellten Wodka, weißen und roten Wein, Limonade und Sauerbrunnen. Und: »Eine Kleinigkeit zum Beißen.«

»Aber wirklich nur eine Kleinigkeit!« bat ich.

»Nur eine Kleinigkeit!« versicherte Noneschwili.

Und dann kamen die Flaschen und dann die warmen (oder doch aufgewärmten) georgischen Fladenbrote; und dann kam die »Kleinigkeit«: eine große Platte mit Wurst, eine Platte mit Schinken, eine Platte mit kaltem Fleisch, eine Platte mit Käse. Dazu weitere Kleinigkeiten in Gestalt von Zwiebeln, köstlichen Tomaten, Oliven, Rettichen, Salatrippen und anderen anregenden Zubußen.

Der Jagdschriftsteller goß die Gläser voll: einmal Wodka, einmal Wein, einmal Borshom, jenen ausgezeichneten, leicht schwefelhaltigen kaukasischen Naturbrunnen, den ganz Rußland trinkt, und ich wollte eben das erste Glas über die lechzende Zunge fließen lassen, als Noneschwili ein feierliches Gesicht machte und etwas sagte, das Viktor erstarren ließ. Der Russe nahm seine entschlossenste Miene an und übersetzte: »Meine werten deutschen Schriftsteller! Die georgischen Schriftsteller heißen Sie durch mich in der Hauptstadt ihres Landes auf das herzlichste willkommen. Die georgische Literatur ist ein blühender Zweig am Baum der aufstrebenden Literatur, unter dem die Völker der Sowjetunion sich versammeln ...«

Da jedes Wort zweimal gesprochen wurde und Viktor, ebenso ungeübt wie gewissenhaft, für manche Wendungen zwei oder drei Versuche benötigte, brauchte der Trinkspruch seine Zeit. Er pries in seinem Mittelteil die Wohltat der Literatur im allgemeinen und der georgischen im besonderen, feierte dann die Größe Goethes, Schillers und Heines und den Einfluß der deutschen Dichtung auf das russische Geistesleben und klang in der Feststellung aus, daß die Vertreter der in aller Welt geachteten deutschen Literatur und die der georgischen Literatur durch gleiche Ideale verbunden seien. Noneschwili schloß: »Ich trinke auf den Frieden und die Freundschaft zwischen unseren Völkern!«

Nun durften wir nicht nur trinken – wir mußten sogar: das ganze Glas war auf einen Zug zu leeren. So erforderte es georgische Sitte. Es war übrigens ein Wodka-Toast, und weil Noneschwili mich bald darauf zum Weinglas greifen sah, ergriff auch er das seine und begann einen neuen Toast, diesmal auf die Frauen: die abwesenden der deutschen Schriftsteller, des Russen Viktor und der beiden Georgier und – mit einer Verbeugung – die anwesende deutsche Dolmetscherin. Wir leerten die Weingläser und wendeten uns den Kleinigkeiten zu, die nach so vielen Umwegen um so köstlicher mundeten. Es habe seine Bewandtnis mit den Frauen in Georgien, erläuterte Noneschwili dabei. In diesem Lande nämlich stünden die Frauen besonders hoch im Kurs. Man ehre sie wie nirgends in Rußland und sonst auf der Welt. Immer – um ein Beispiel zu geben – setze der Georgier das weibliche Wesen voran. Nie sage er: Bruder und Schwester; immer Schwester und Bruder, Frau und Mann, Mutter und Sohn. Und während er dies zum besten gab, formte sich seine Rede wie selbstverständlich zu einem neuen Hymnus auf die Mütterlichkeit der Frau und die Gestalt der Mutter überhaupt. Und da er so schön redete, stellten unsere Kaumuskeln automatisch ihre Tätigkeit ein. Viktor hatte längst seine

Funktion als Dolmetscher wiederaufgenommen. Wir tranken auf unsere Mütter, die lebenden und toten.

Da wir so fleißig – und immer ein volles Glas – trinken mußten, erwachte der Appetit in uns; und der Umstand, daß wir gut aßen, beflügelte wiederum unseren Durst; und da wir wiederholt zum Glase griffen, hatte Noneschwili wiederholt Gelegenheit, einen Toast auszubringen. Nachdem wir unsererseits mit Nachdruck auf die georgische Gastfreundschaft getoastet hatten, brachte er einen Trinkspruch auf den georgischen Wein aus, landete dann aber wieder bei den urtümlichen Bindungen der Familie, indem er uns aufforderte, auf unsere Kinder zu trinken. Und dabei erfuhren wir – von seinem Kollegen –, daß Noneschwilis Frau, die Mutter seiner zwei Kinder, Medea heiße und eine recht strenge Gattin sei. Noneschwili lächelte versonnen und nickte einige Male wie im Selbstgespräch. Er sah auch, wie nebenbei, einmal auf die Uhr. Es machte den Anschein, als entsänne er sich nun wieder einiger Tatbestände, die ihm aus dem Gedächtnis gewichen waren, und halte es doch für gut, ihnen Rechnung zu tragen. Ich sah, wie er sein Weinglas mit Mineralwasser füllte und mir damit zutrank. Und als ich ihm Wein nachschenken wollte, wehrte er – mit einem Hinweis auf seinen kranken Magen, der ihm Mäßigkeit anrate – sanft ab. Seine Toastkraft war gebrochen. Und weil wir mittlerweile ein beträchtliches Quantum georgischen Weines und russischen Wodkas vertilgt hatten, durfte er mit gutem Recht die Rede auf das Programm des kommenden Tages bringen.

Der Abend eilte seiner Schlußapotheose zu. –

Am anderen Morgen schien die Sonne, auf die wir schon seit zwei kühlen Wochen unsere Hoffnungen gesetzt hatten; aber sie schien längst nicht so warm wie ersehnt: zwei Tage zuvor hatte es, ausgelöst durch ein mächtiges Gewitter, einen Wettersturz gegeben; auch in Tiflis war es Herbst geworden, wenn auch ein freundlicher und milder. Aber was sollten Georgien und seine Hauptstadt diesen überaus eiligen deutschen Schriftstellern denn auch bieten, die sechsunddreißig Stunden nach ihrem Eintreffen schon wieder aufbrechen wollten?!

Dies war der eine Schmerz für unsere Gastgeber, die sich auf etliche Tage und eine Reihe von ausschweifenden Unternehmungen – eine Jagd im Kaukasus, eine Weinernte auf einer Kolchose und so weiter – eingerichtet hatten. Der andere betraf einen Abwesenden: den in Leningrad verbliebenen Genrich. Er, dessen ersten ins Georgische übertragenen Roman ein Verlag in Tiflis vorbereitete und dem in Zeitungen und Zeitschriften durch Vorabdrucke schon der Weg zum Herzen der georgischen Leserschaft geebnet war, hatte versäumt, sich georgischer Gastfreundschaft auszuliefern. Es war nicht leicht, das mit Würde zu tragen.

Immerhin – Noneschwili war Lyriker; er achtete auch den deutschen Lyriker, in dessen leicht antiquierter Rolle ich mich nun schon eingerichtet hatte. Und Senior Gerlach, dessen Tierliebe und Interesse an Zoologischen Gärten ihm den unbestrittenen Ruf eines großen »Gumanisten« sicherten und dessen füllige Bonhommie ganz offensichtlich zur Verharmlosung und Vermenschlichung der revanchelüsternen Bundesrepublik beitrug, war ohnehin Gegenstand respektvoller Zuneigung. Man ließ uns nicht fühlen, daß wir ein Fragment waren.

Erster Programmpunkt unseres Tagewerkes war der Besuch des »Heiligen Berges«, den die beiden Wagen, welche uns aufnahmen, in kühnen Steilkurven erklommen und von dem aus man die Stadt ungeschmälert übersehen konnte.

Sie dehnt sich der Länge nach zwischen stumpfen und kahlen Hügelketten aus, die an andere vorderasiatische Gebirgslandschaften erinnern. Die Schneehäupter des Kaukasus waren weit und nicht sichtbar. Das Auge, das sich auf mehr »Romantik« eingerichtet hatte, sah sich ein wenig enttäuscht. Aber die Sendung des »Heiligen Berges« erschöpfte sich auch keineswegs in der Vermittlung einer schönen Aussicht. Dieser Berg war vielmehr ein Denkmal georgischer Größe, ein Walhall seiner Dichter, Künstler und Revolutionäre.

Dort liegen sie begraben, die Olympier der georgischen Literatur und Kunst, allen voran Nikolai Barataschwili, der Zeitgenosse von Byron und Mickiewicz, Gipfel der georgischen Romantik, durch Pasternak in die russische, durch Arthur Leist in die deutsche Literatur eingeführt. Ferner Schawkawadse, der »Lehrer der georgischen Nation« – ein Opfer des Zarismus; der Bildhauer und Rodinschüler Nikoladse und andere mehr. Daß auch Stalins Mutter hier oben ihr Grab gefunden hatte, war wohl ein Relikt aus der stalinistischen Epoche, die in den sechsunddreißig Stunden unseres Aufenthaltes von keinem Georgier diskutiert wurde.

Als der Name Schawlatadse fiel – die Mehrzahl der georgischen Namen enden auf -wili oder -adse –, erinnerte ich mich jenes sowjetischen Olympiasiegers von Rom im Hochsprung,

Schawlatadse, und erkundigte mich beiläufig, ob man ihn oder seinen Namen zufällig kenne.

Und ob, sagte Noneschwili, und wartete gleich mit einem halben Dutzend weiterer georgischer Adses und Wilis auf, die dem sowjetischen Sport zu Ansehen und Weltruhm verholfen hätten. Und weil sich georgischer Stolz nicht nur in Ruhmesdurst, sondern auch in Bescheidenheit zu kleiden weiß, erfuhren wir dabei noch die Umstände, die der Stadt Tiflis zu einer Rodinstraße verholfen hatten:

Man wollte, noch zu Lebzeiten des Bildhauers Nikoladse, einer Straße seinen Namen geben und fragte ihn nach etwaigen Wünschen. Aber Nikoladse bat, Abstand von diesem Vorhaben zu nehmen, und schlug vor, man möge vor allem Sorge tragen, *den* Mann zu ehren, als dessen Schüler und Schuldner er sich zeitlebens betrachten werde. Und so kam Tiflis zu einer Rodinstraße und Nikoladse zu einer für ihn denkbar vorteilhaften, ja ihn geradezu auszeichnenden Anekdote. Denn so schöne und gekonnte Beispiele seiner Kunst wir auch sahen – keine verleugnete das große Vorbild. Wir alle stehen auf den Schultern unserer Väter.

Nachdem wir georgischem Geistesanspruch gehuldigt hatten, mußte die Stadt besichtigt werden, Neues, Altes, eine beinahe tausendjährige Kirche nie gesehenen, vorchristlich anmutenden Baustils, ein stehender Zirkus, ein großer, sehr schön gelegener Stadtpark – und als Höhepunkt und Novität, auch für die anwesenden Georgier, der Zoologische Garten von Tbilissi. Noneschwili warnte vor übertriebenen Erwartungen; aber er warnte aus Unkenntnis. Gospodin Gerlach, der noch in jedem Zoo der Sowjetunion Seltenes und Unverhofftes an Tierbestand entdeckt hatte, kam auch hier auf seine Kosten. Den kleidsamen Bauch vorantragend, durchschritt er, einem auf Staatsbesuch weilenden Potentaten nicht unähnlich, den in einer sich bisweilen zur Schlucht verengenden Senke angelegten Tierpark, geführt von einem Tiermaler, den Noneschwili rasch herbeizitiert hatte, gefolgt von einem einarmigen Zoowärter, den beiden Dolmetschern und der georgischen und bundesrepublikanischen Rumpfliteratur. Die Anlage mutete ein wenig vernachlässigt oder doch unvollendet an; aber eben dies machte sie reizvoll. Sie endete in einem Flußtal, das von riesigen Eukalyptusbäumen beschattet wurde.

Ich erinnere mich nicht mehr, welchen der im Tifliser Zoo gehaltenen Exemplare von unserem Gumanisten sachverständig

Seltenheitswert zugebilligt wurde. So nachhaltigen Eindruck auch der mächtige Bison oder der urweltlich anmutende Elch im Moskauer Zoo auf mich gemacht hatten, am reizvollsten schienen mir immer die Tiere im Familienverband. Diesmal eine Tigerfamilie mit zwei Jungen und ein unermeßlich dickes und rundes Nilpferd mit einem zwei Monate alten Baby, das unendlich nackt anmutete, unzüchtig und embryonal.

Während wir wanderten und schauten und Noneschwili im stillen auch den Zoologischen Garten von Tiflis in die Reihe georgischer Nationalverdienste aufnehmen mochte, hatte sich der Himmel verfinstert, vereinzelte Tropfen fielen, es traf sich gut, daß wir wieder dem Eingang zustrebten, der zugleich der Ausgang war, und neben dem eine kleine Restauration – eine Art offener Blockhütte – zum Unterschlupf lud. Es war, wie sich herausstellte, ohnedies vorgesehen, daß unsere Zoovisite hier mit Umtrunk und Imbiß beschlossen werde. Wir statteten noch im Vorübergehen zwei gesondert logierten, uns böse musternden Orang-Utans einen flüchtigen Besuch ab – da zuckte der erste Blitz über den bleiernen Himmel, und mit Donnerschlag entlud sich über der georgischen Metropole ein respektables Gewitter.

Wir ließen uns an einem großen, einfachen Holztische nieder, und der staatsangestellte Restaurateur nahm die Bestellungen entgegen: Champanskoje und eine Kleinigkeit zu essen. Auf die Kleinigkeit mußten wir etliche Minuten warten; aber der Champanskoje lag schon bereit, und zwischen zwei Donnerschlägen knallte der erste Pfropfen. Noneschwili bekam sein feierliches Gesicht und sammelte sich für den ersten Trinkspruch. Es war ein Trinkspruch auf die Gastfreundschaft, der ihm nur bedingt zustehe, weil er hier eben auch nur Gast sei; aber angesichts so ungewöhnlicher und liebenswerter Gäste dränge es ihn doch ... Wir nahmen einen langen Schluck; er mundete köstlich.

Der Tiermaler erhob sich, ging rundum, goß nach, setzte sich wieder und ergriff seinerseits das Glas, während der staatliche Gastronom die zweite Flasche herbeibrachte.

»Liebe Freunde«, sagte er etwa, »Freunde des Menschen und der Tiere. Es gehört zu den Irrtümern und Selbsttäuschungen des Menschen, seine Unarten als tierisch zu bezeichnen, seine Tugenden aber für ausschließliche Merkmale des Menschen zu halten. Wer die Tiere kennt, weiß sehr wohl, welche Anmaßung sich in solchem Irrglauben ausspricht.«

Viktor bekam das nicht sofort in den Griff, aber mit Hilfe der beispringenden Meisterin wurde der Sinn der Rede doch deutlich – was Gospodin Gerlach durch ein zustimmendes Nicken seines Hauptes bestätigte. Der Trinkspruch endete folgerichtig in einem Lob des Humanismus. Derweilen waren die »Kleinigkeiten« aufgetragen: Schinken, aufgeschnittene Wurst, Käse, Zwiebeln, Tomaten, Rettiche – die Fütterung der Humanisten begann.

Während wir kauten, bezifferte der Zoowärter, der blaß, stumm, aber mit leuchtenden Augen dabeigesessen hatte, den Ort und das Datum, an welchen er seinen Arm eingebüßt hatte. Da bei solchen Darstellungen alle Gesunden ein schlechtes Gewissen beschleicht, erlahmte allgemein der Appetit, und die verstärkte Aufmerksamkeit der Runde beflügelte den Zoowärter zu immer bewegterer Darstellung und Rede. Ein Trinkspruch auf den Frieden und die Freundschaft der Völker war längst geboten – der Zoowärter brachte ihn aus. Und zum Zeichen dafür, daß er es ernst meine und allen Zweiarmigen vergebe, ging er rundum und stieß mit jedem an. Das war in einem unverstellten Sinn rührend, und so bemächtigte sich der meisten denn auch eine echte Rührung. Am gerührtesten war der Zoowärter selbst. Der dritte Pfropfen knallte; aber ein Donnerschlag absorbierte den Gernegroß. Es war längst an der Zeit, zur Ehre der deutschen Sache das Wort zu ergreifen. Gumanist Gerlach tat dies, ohne sich an weltanschauliche Gesichtspunkte zu verlieren. Er verbringe jeden Tag seines Lebens – soweit das eben möglich sei – eine Stunde bei den Tieren und erhole sich dabei von den Menschen. Die Tiere bedürfen des Menschen, wenn sie gefangen wären. Aber am meisten bedürfe der Mensch des Menschen, ob er nun gefangen oder frei sei. Und weil man auf den Humanismus schon getrunken hatte, endete der Toast in einem Gloria auf Georgien und seine schöne Hauptstadt Tbilissi.

Die Ovation schaffte etwas Raum für die wirklich vorzügliche Schinkenplatte, provozierte aber andererseits auch eine vierte Flasche Champanskoje. Da vier Flaschen Champagner für sechs Menschen schon ein recht reichlicher Apéritif sind und ich mich ein wenig um den Fortgang dieses einzigen kaukasischen Tages sorgte, bat ich, um den Konsum etwas zu beschleunigen, den staatlichen Gastronom, einmal mit uns anzustoßen. Er brachte eilfertig ein Glas, ließ es füllen und leerte es strahlend auf das Wohl so seltener und berühmter Gäste.

Während der Rest der Flasche verteilt wurde und Noneschwili den auch von uns ersehnten Abschluß des Umtrunkes zu begünstigen suchte, sammelte sich der einarmige Zoowärter zu einem sicherlich umkämpften, aber endlich triumphalen Entschluß. Er erhob sich plötzlich und verkündete, daß er die deutschen *pisateli* und die weiterhin anwesenden Georgier und Russen zu einer fünften Flasche Champanskoje einlüde. Und noch ehe sein Entschluß uns – überflüssigerweise – übersetzt wurde, gab er dem Gastronom diese Flasche in Auftrag, und der eilte, als ob er ein privater Nutznießer wäre, die fünfte Flasche zu holen. Aber – er durfte sie nicht öffnen. Die Allgemeinheit, angeführt und zu Worte kommend durch den höflich-geschmeidigen Noneschwili, entschied, es bei vier Flaschen bewenden zu lassen.

Der Zoowärter – er saß mir schräg gegenüber – vernahm die höfliche, aber energische Abweisung seiner hochherzigen Stiftung. Ich weiß nicht, was er an Tageslohn verdient – möglicherweise gerade so viel, wie eine Flasche Champanskoje in der Zoo-Gaststätte kosten mochte (zwischen drei und vier Rubel). Aber an diesem Tage, in dieser Stunde lag solche Überlegung bereits hinter ihm. Er war entschlossen, hochherzig zu sein, über seinen Schatten zu springen, auf sein Elend zu treten und diesen deutschen Schriftstellern zu zeigen, wessen ein einarmiger georgischer Zoowärter noch fähig sei. Und nun sollte ihm das zunichte gemacht werden. Warum? Warum?

Er saß da, dumpf brütend, verletzt, verbittert – seine Kaumuskeln bewegten sich unheilvoll. Es war, als verschluckte er hundert Flüche und müßte jeden Augenblick darüber platzen. Ich nahm mein Glas und sagte: »Liebe Georgier und Russen – es gibt ein deutsches Dichterwort, das lautet: Da, wo du nicht bist, ist das Glück. Das will ungefähr heißen, daß gerade das, was wir *nicht* bekommen, uns das Schönste zu sein scheint. So ergeht es uns auch mit der fünften Flasche Champanskoje, zu der uns unser Freund, der Zoowärter, soeben eingeladen hat und auf die wir zu unserem größten Bedauern verzichten müssen, weil wir noch ein beträchtliches Programm zu bewältigen haben. Die schönste Flasche ist diejenige, die er uns zugedacht hatte. Trinken wir auf unseren Freund, den Zoowärter!«

Und wir tranken auf ihn, den Bruder der armen Witwe, des verachteten Zöllners und des barmherzigen Martin.

Noneschwili hatte am Abend zuvor verlauten lassen, daß Museen immer auf eine hochnotpeinliche Weise nach Naphthalin röchen und daß er uns diesen Geruch ersparen möchte. Aber *ein* Museum müßten wir uns doch ansehen: das georgische Nationalmuseum, dessen Schätze von einer mehr als dreitausendjährigen Geschichte Zeugnis ablegten.

Da Noneschwili für ein Stündchen Urlaub erbeten hatte, besichtigten wir am Nachmittag dieses Museum ohne jede Führung und jegliches Geschwätz, und allmählich dämmerte mir darüber das Gefühl für den historischen Ort, an dem wir uns befanden, die Zusammenhänge, die hier wirksam geworden waren: Prometheus – Kolchis – Medea und Jason. –

Als wir ins Hotel zurückkehrten, erwarteten uns dort etwa zwölf Herren, von denen zwei – zumal der Germanist der Universität Tiflis – ein nahezu fehlerfreies Deutsch sprachen. Nachdem sie uns ihres aufrichtigen Bedauerns versichert hatten darüber, daß Heinrich Böll nicht mit uns gekommen war, brachen wir allesamt auf und landeten genau vor jenem großen Milchglasportal, das sich zwanzig Stunden vorher so abrupt vor uns verdunkelt hatte. Es war der Eingang zu einer Zahnradbahn, die uns achthundert Meter über das Weichbild der Stadt hinaustragen sollte zu einem vielbesuchten und wohlrenommierten Eßlokal.

Oben pfiff der Wind; aber Tiflis lag wie der umgestürzte Sternhimmel unter uns.

Schließlich betraten wir das geräumige Restaurant, in dem die Mehrzahl der Tische schon von Speisenden besetzt war. Während uns an der Längsseite des Raumes eine festliche Tafel gerichtet wurde, lernte ich den georgischen Übersetzer Bölls kennen, der mir eine säuberliche Liste von etwa fünfzehn Böllschen Erzählungen präsentierte, die er allesamt in georgischen Zeitschriften und Zeitungen publiziert hatte. Er war ungemein sympathisch, und seine Trauer war echt. Er hatte diesem Abend mit Ungeduld entgegengesehen – nun war der Erwartete ausgeblieben. Auch der Universitätsprofessor hatte etliche Fragen und Wünsche, und als wir schließlich Platz nahmen, hatte ich beide neben mir.

Die Tafel, bestückt mit vielen verschiedenartigen Flaschen, Wurst- und Salatplatten, Brottellern, Gläsern und Geschirr, war eben durch die Reihe der Georgier und ihrer Gäste besetzt, als sich der vierschrötige, semmelblonde, ein wenig schielende Generalsekretär des Schriftstellerverbandes zu seinem ersten

Trinkspruch erhob. Man kann nicht sagen, daß er sich durch besonderes oratorisches Talent ausgezeichnet hätte; mit Demosthenes hatte er indessen einen leisen Sprachfehler gemeinsam. Was er mit Literatur, Poesie, Prosa, Dramatik zu tun hatte – wer hätte es erraten können? Aber er war der Generalsekretär, und die Würde des Trinksprechers war in seinen Mund gelegt, und georgische Sitte billigt diesen Sprechern beinahe die Autokratie eines Papstes zu: er allein führt das Wort, und niemand führt das Wort außer ihm, und wer außer ihm das Wort führt, führt es nur durch ihn und in seinem Namen.

Und der Generalsekretär hob an und sagte: *»Nemezkije pisateli!«*

»Deutsche Schriftsteller!« übersetzte Viktor und krauste in Vorahnung schwieriger Passagen die sonst so glatte Stirn.

Es war der Begrüßungstrinkspruch, und er dauerte nicht länger als drei Minuten, und die Atempause danach reichte gerade aus, die fleischerne Vorspeise zu vertilgen. Aber der zweite Toast fiel etwas ausgedehnter aus, weil der Generalsekretär der Literatur im allgemeinen einige Metaphern widmete. Er verglich sie nicht mit der übersichtlichen Figur eines Baumes, sondern mit einem wogenden Ährenfeld, kam auf taube und volle, reife und unreife Ähren zu sprechen und landete schließlich bei jener Literatur, die dem Menschen notwendig und unentbehrlich sei wie das tägliche Brot. Er ließ die deutsche und die georgische Literatur leben.

Ich leerte mit den anderen mein Glas; es war mit Rotem angefüllt, obwohl ich um Weißen gebeten hatte. Der Mißverständnisse an einem Tisch, da drei Sprachen miteinander ums Verstandenwerden wetteifern, sind viele.

Derweilen wurde Stör aufgetragen mit einer wohlschmeckenden gelben Sauce. Da ich mich von meinem Nachbarn zur Rechten aufgefordert sah, die Liste der Böllschen Erzählungen dahingehend zu überprüfen, ob sie nicht vielleicht doch wichtige Stücke vermissen lasse, wurde ich vom dritten Trinkspruch des Generalsekretärs überrascht, noch ehe ich meinen Stör zur Hälfte verzehrt hatte. Es gelang mir aber, einen Zuguß von Rotem zu unterbrechen; der nachgereichte Weiße verdunkelte sich, mit dem verbliebenen Roten vermischt, zu einem kräftigen Rosé, den ich auf die Freundschaft der Völker leeren durfte.

Während die Fischteller abgeräumt und Teile von gebratenen Hühnern serviert wurden, gelang dem Generalsekretär noch ein Blitz-Toast auf den Weltfrieden. Dann aber senkte sich genüßliche Muße auf die nagende und knabbernde Tafel, und ich konnte mit Gospodin Gerlach durch einen flüchtigen Wortwechsel übereinkommen, daß er den nächsten Spruch zu unseren Gunsten verlauten ließe. Auf die georgische Gastlichkeit, versteht sich. Was konnte näherliegen?

Das Echo war lebhaft. Der Generalsekretär dankte sofort für unseren Dank und trank ohne ausschweifende Rede auf seine Gäste. Und weil ich mich gerade des in Leningrad verbliebenen Genrich entsann und im stillen bedauerte, daß er nicht unter uns war, entschloß ich mich, einiges über den leider abwesenden Helden zu sagen.

Ich teilte zunächst einige persönliche Fakten mit, welche das Familiäre, Herkommen und Wohnort, die Buchtitel und Bölls Vorliebe für Irland betrafen, kam dann auf seinen Katholizismus zu sprechen, seine Rolle als unbequemer, revoltierender Christ, seine zahlreichen Literaturpreise und seinen Erfolg in anderen Sprachen und versicherte, daß er bei all diesen Erfolgen und Versuchungen noch immer der liebenswerte und unverbildete Mensch geblieben sei, als den ich ihn vor zwölf Jahren etwa kennengelernt hätte. Und dann tranken wir allesamt auf sein Wohl.

Und auf einmal war er anwesend und entschuldigt zugleich. Man war sich der Einbuße bewußt, die seine Abwesenheit bedeutete, und fühlte sich doch entschädigt. Es war nicht nur ein guter Schriftsteller mehr auf dieser Welt, sondern auch ein guter Mensch. War es nicht einmal mehr erwiesen, daß die Poesie den Menschen besserte und die Welt verschönte?

Noneschwili gab diesem Empfinden, diesem Gedanken nach, indem er sich entschlossen erhob zu einem vermutlich unvorhergesehenen Trinkspruch auf die Poesie, die zum Leben gehöre wie der Duft zur Blüte, die Freundschaft zum Leben, das Lächeln zum Menschen.

Er sprach sehr ernst und etwas zögernd; wahrscheinlich war dieser Trinkspruch ein Übergriff, ein Eingriff sozusagen in die Rechte des Generalsekretärs. Aber ihn trieb seine Sendung, die Erinnerung an den Vorabend, da wir ihn so spruchmächtig erlebt hatten, und den Mienen der Anwesenden war abzulesen, daß man ihm gern zuhörte. Und weil er sich in seiner Schlußwendung geschickt auf ein Wort des Generalsekretärs bezog, erntete er uneingeschränkte Zustimmung. Er trank – wie ich bemerkte, wieder mit Borshom – auf das Glück des Menschen.

»Pisateli!« sagte der Generalsekretär, sich unmittelbar und

spontan erhebend, und das galt nun für uns alle. »Unser Freund Noneschwili hat ein schönes Wort gesagt. Er hat auf das Glück des Menschen getrunken. Aber – der Menschen sind viele auf dieser Erde. Allein in der Sowjetunion leben 230 Millionen. Wenden wir uns daher den Menschen zu, die wir kennen und schätzen und lieben. Trinken wir gemeinsam auf das Glück unserer Familien – hier in Georgien, dort in Deutschland!«

Weiß Gott, sie meinten es gut mit uns, diese Trinker und Sprüchemacher aus dem Lande des Drachentöters, und man konnte es ihren Mienen ablesen, daß sie nach Bestätigung, nach Anerkennung und Gegenliebe verlangten. Was hatten wir ihnen bisher geboten? Einen Spruch auf ihre Gastfreundschaft und einen auf – Heinrich Böll. Ich füllte also mein Glas und meldete mich zu Wort. Der Generalsekretär gebot Schweigen. Der Germanist übersetzte – ins Georgische.

»In der Größenordnung dieser Welt«, sagte ich, »gibt es kleine Völker und große Völker, so wie es im Leben mächtige und scheinbar ohnmächtige, einflußreiche und einflußlose Menschen gibt. Feldherrn zum Beispiel und Generale hält man für starke Leute; Dichter und Schriftsteller zählt man gemeinhin zu den schwachen. Aber mir will scheinen, daß diese Größenordnung sehr vordergründig ist. Man müßte danach ein Volk, das viele Eroberer und Generale hervorgebracht hat, schon für groß halten, und eines mit vielen Poeten, Philosophen und Künstlern für ein kleines. Im Deutschland der dreißiger Jahre hat man viele angesehene Schriftsteller aus dem Lande gejagt und sie nach und nach durch Generale ersetzt, damit aus uns endlich ein großes Volk würde. Und als Deutschland dann am größten schien, war es in Wahrheit am kleinsten. Und heute, da es so klein wie nie und geteilt ist, gilt es bei manchen Leuten schon wieder als ein großes Volk.

Das georgische Volk ist der Zahl der Einwohner nach ein kleines Volk. Aber wer einen Blick auf seine Geschichte wirft – und das habe ich heute nachmittag im Nationalmuseum getan –, der muß feststellen, daß Georgien ein kulturgesättigter Boden ist seit frühester Zeit. Zwei mythische Gestalten bleiben für immer mit georgischer Erde verbunden: der große Aufrührer Prometheus, der den Menschen das Feuer brachte, und Medea, die Kolcherin, die furchtbare Rächerin verletzter Frauenehre. Das Feuer des Prometheus ist nicht allein dasjenige, an dem wir unsere Hände wärmen und auf dem wir unsere Suppen kochen, sondern vor allem das Feuer unseres begeisterten Herzens, unserer erhellenden Gedanken, die Flamme unseres Geistes. Die Ehre, die das georgische Volk seinen großen Denkern und Dichtern erweist, und die Wertschätzung und Achtung, die die Gestalt der Frau in diesem Lande genießt, haben vielleicht ihre letzte Wurzel in den Urbildern menschlicher Größe und Tragik: in dem Kaukasier Prometheus und der Kolcherin Medea. Ich trinke auf die große Geschichte des kleinen georgischen Volkes!«

Nie in meinem Leben hatte ich einen Trinkspruch ausgebracht, der ein so dankbares Echo geweckt hätte. Eine Sturzwelle von Sympathieerklärungen überschüttete mich. Der Generalsekretär sprach plötzlich französisch.

»Cher ami«, sagte er, als wir bald darauf das Restaurant verließen, und nahm meinen Arm, *»vous êtes notre ami. Merci, mon ami. Je suis très heureux ... vos paroles ... vous avez raison ... nous sommes un grand peuple ... allez bien, cher ami ...«*

Er suchte das vergeßliche Hirn nach allen möglichen Resten seines Schulfranzösisch ab, um mir von Mensch zu Mensch seine Wertschätzung und seinen Dank auszusprechen.

In aufgeräumtester Stimmung bestiegen wir die Zahnradbahn und ruckerten gemeinsam zu Tal, dem auf samtschwarzem Grunde der Nacht wie verstreutes Geschmeide blinkenden Tiflis entgegen.

Der Abschied in der Hotelhalle war herzlich. Ich grollte im stillen den Moskauer Zentralisten, die ein so eigennütziges und selbstherrliches Programm ausgeheckt hatten, das uns mehr als die Hälfte der Zeit Moskauer Pflaster treten ließ und uns nötigte, diese reizenden Leute so rasch wieder zu verlassen. Aber wer will wissen, ob die Flüchtigkeit des Augenblicks das Erfahrene nicht um so tiefer in die Zielscheibe der Erinnerung eindringen ließ?

Noneschwili umarmte mich und küßte mich auf beide Bakken, was gar nicht so einfach war, weil er nahezu einen Kopf kleiner ist als ich. Er überreichte jedem von uns eine hübsche Nachbildung ältester Gefäßfunde mit dem Bemerken: »Dies ist ein Gruß und ein Andenken an Georgien – von meiner Frau Medea.«

Ich bin nicht ganz sicher, ob die Moskauer Dirigenten unserer Reise dem fürsorglichen Viktor nicht nahegelegt hatten, den Seitensprung ans Schwarze Meer nach Möglichkeit zu vermeiden – auf jeden Fall blieb es bis zu unserer frühen Ankunft auf dem Flughafen von Tiflis und noch eine gute Stunde länger völlig ungewiß, ob wir eine Maschine finden würden. Es sei einiges im Luftfahrplan durcheinandergeraten, hieß es; Stürme und Regenfälle hätten im südlichen Teil der Sowjetunion ungünstige Bedingungen für den Luftverkehr bewirkt.

»Viktor«, sagte ich, »zwölf Tage insgesamt müssen wir in Moskau Pflaster treten; vier taten wir es in Leningrad, einen in Tiflis ... jetzt möchte ich ans Schwarze Meer und einmal russisches Wasser und russische Sonne auf der Haut spüren. Es wäre wahrhaft eine Schande ...«

»Wir werden alles versuchen!« unterbrach er mich. »Wir werden alles versuchen. Fahren wir zum Flugplatz!«

Da also waren wir schon; allerdings ohne gefrühstückt zu haben, was Gospodin Gerlach besorgt stimmte. Aber nach einer halben Stunde des Zuwartens wurde eine Kantine geöffnet; es gab Kaffee, Tee, Würstchen, belegte Brote – zumindest dieser Sorge war man ledig. Und die letzte Viertelstunde verkürzte uns noch der Jagdschriftsteller, der hochherzigerweise seinen Morgenschlaf geopfert hatte, um uns im Namen aller georgischen Schriftsteller »gute Reise« zu wünschen. Dann aber hieß es plötzlich, das Gepäck sei an den Schalter zu bringen – es flöge eine Maschine nach Guttaissi; wir müßten uns beeilen.

Nie gehört, dachte ich, aber nehmen wir's wörtlich: Gut, da is' sie. Es wird schon die richtige Richtung sein. Viktor ist zuverlässig.

Es dämmerte gerade, als wir einstiegen – es war eine Zweimotorige diesmal, Provinzverkehr sozusagen. Das Vögelchen erhob sich leicht schwankend, und ab ging's nach Guttaissi. Nach siebzig Minuten landeten wir.

Erst jetzt wurde man inne, daß die Sache mit den Wetterstörungen stimmte. Überall große Lachen am Boden; jagende Wolkenmassen am Himmel ... Wir aber flogen ins Helle.

Wir hatten umsteigen müssen, in eine andere, noch schwächere Maschine, in der es ein bißchen ländlich zuging und ein paar

Kleinigkeiten auch leicht defekt waren. Als zum Beispiel der Befehl zum Anschnallen gegeben wurde, vermochte unser Senior den Gürtel nicht zu schließen – trotz größter Anstrengung wollte es nicht gelingen. Das rief bei den Insassen wohlwollende Heiterkeit hervor. Die Stewardeß bat ihn, sich des Mantels zu entledigen, und da klappte es denn auch. Es fehlte aber tatsächlich, und vermutlich schon länger, ein kleines Stück am Gürtel; freilich wurde es erst bei dieser Gelegenheit und von diesem Passagier zum ersten Male entbehrt.

Der Himmel riß auf, und die Schneehäupter des Kaukasus wurden in östlicher Ferne sichtbar. Unten dampfte das regenfeuchte Land um die übergetretenen Flüsse. Wir flogen und bemerkten es sogar. Denn was merkt der fliegende Passagier, wenn er mit 800 oder 1000 Kilometern Stundengeschwindigkeit durch den Äther geschossen wird? Man durfte sich dennoch in der Maschine bewegen – die ländliche Stewardeß hatte vollstes Verständnis –, die Plätze wechseln oder am Boden knien (vorn, wo zum Teil die Gepäckstücke plaziert waren) – der Blick aus dem kleinen Fensterrund traf auf eine frisch gewaschene Schöpfung, die der Bewunderung wert war.

Dann zogen wir eine Schleife über dem Blau der unter uns auftauchenden See, über der sich jetzt ein wolkenfreier Himmel wölbte, mit der er sich überschnitt, in die er einmündete, die er überholte und zurückließ – wir landeten in Suchumi am Schwarzen Meer.

Palmen gehören seit eh und je zu den botanischen Emblemen des Südens und zu den Symbolgewächsen bürgerlichen wie proletarischen Glücks. Unter Linden, Birken und Buchen geht man – unter Palmen wird gewandelt. Es war fast eine Blasphemie, daß wir so teilnahmslos rasch in einer Taxe zur Stadt fuhren. Aber Viktor genoß es trotzdem; er sah ja, daß *wir* sahen. Endlich benötigte man keinen Mantel mehr; endlich schien auch in der Sowjetunion einmal die Sonne, grüßten tropische Gewächse, lachte ein blauer Küstenstrich. Anderes Klima – andere Menschen! Wer hätte es nicht an sich selbst schon oft genug erfahren ...?

Wir hielten an einem stattlichen und staatlichen Hotel »mit Seeblick« und quartierten uns ein. Das Zimmer, mit Balkon, war riesig; beinah ein Appartement. Auch ein Bad gehörte dazu, freilich eines von bescheidener Art. Aber macht die Sonne nicht auch in Italien und Griechenland so manchen Komfort entbehrlich? Ich wollte mich eben ausbreiten und baden, da rief

Viktor an, daß er unten warte, um uns in die Stadt zu führen oder sonst nach Bedarf und Wunsch zur Verfügung zu stehen. Ich hatte fragen lassen, ob es nicht so etwas wie einen Markt gäbe – und es war tatsächlich gerade Markt; man müsse freilich die ganze Stadt durchwandern, um ihn zu erreichen. Was aber hätten wir Besseres tun können?

Ich bin voreingenommen für Landschaften und Städte, auf die zumeist die Sonne scheint. Ich meine, sie hätten nicht nur das Recht, sondern geradezu die Pflicht, weniger perfekt, geleckt und adrett zu sein als die Länder und Siedlungen des schattenreichen Nordens. Dieses Suchumi hätte ebensogut rumänisch wie bulgarisch oder auch griechisch sein können. Kleine Schusterhütten sah man, Obst- und Limonadenkioske, Eisverkäuferinnen, Büchertische . . . Waren das nun auch Staatsangestellte? Oder waren es kleine freie Handwerker?

Die Meisterin, unsere Dolmetscherin, immer und überall an russischen Büchern interessiert, blieb an einem dieser Tische stehen, studierte den Bestand und holte uns an der übernächsten Ecke wieder ein. Sie war ungemein erheitert und gab das Verhör wieder, dem sie unterworfen worden war, und den eindrucksvollen Abgang, den sie sich verschafft hatte – durch ein einziges Wort. Während sie blätterte, hatte der Inhaber des Standes, dem gerade ein Freund oder Bekannter Gesellschaft leistete, sie gefragt: »Sie sind sicher eine Ausländerin?«

»Ja«, hatte sie lakonisch geantwortet und weitergeblättert.

»Sie sind vielleicht eine Ungarin?«

»Nein.«

Pause.

»Aber eine Tschechin könnten Sie sein.«

Pause.

»Sind Sie eine Tschechin?«

»Nein.«

»Gewiß, Sie könnten auch eine Rumänin sein. Es gibt auch Rumäninnen, die so blond sind wie Sie. Kommen Sie etwa aus Rumänien?«

»Nein.«

Pause.

»Jetzt weiß ich's. Sie kommen aus Polen . . . ?«

»Nein.«

Dazwischen immer wieder Blättern und Lesen in den Büchern, gleichgültig interessiert, die Neugier des Bouquinisten auskostend. Und endlich, mit gepeinigtem Aufseufzen die herausfordernde Feststellung: »Dann können Sie nur noch aus der DDR sein.« Und dann, weil diese Schlußfolgerung ohne Bestätigung bleibt: »Kommen Sie etwa *nicht* aus der DDR?«

»Nein.«

Und schließlich verzweifelt, beinah flehend: »Ja, wo kommen Sie denn dann her?!«

Die Meisterin, die nichts Interessantes entdeckt hatte, sieht den Frager belustigt an und antwortet genüßlich und ihre einsilbige Pointe auskostend mit einem gedehnten: »Aus Bonnnnn ...«

Die beiden seien erstarrt. Und wahrhaftig: wie sie das aussprach, mit diesem echohaft sich vervielfachenden N, gewann der alltägliche und belanglose Städtename plötzlich jene nachhallende, groteske Dämonie, die man ihm in allen Politbüros jenseits des Eisernen Vorhanges zuschreibt. Viktor stimmte in unser amüsiertes Gelächter mit ein, und so schien selbst die verbiesterte und verbiesternde Politik unter der Sonne des Schwarzmeerhimmels einen freundlicheren Zug zu gewinnen. Er hatte sich an uns, wir hatten uns an ihn gewöhnt. Wir waren in das Stadium friedlicher Koexistenz eingetreten.

Wir trotteten gemächlich durch die Stadt, und ich sog den so lange entbehrten Anhauch von Balkan ein, diese köstliche Mischung von Laufenlassen und Sichdennocheinrichten, von Nachlässigkeit und Entgegenkommen, Korruptheit und Humanität, die genau die bekömmliche und ausgleichende Mitte trifft zwischen dem zuverlässigen Terror nördlicher Zweckmäßigkeit und Ordnung und der entnervenden Anarchie des Orients. Wenn doch die Leute nicht immer nur von Rassen und Nationalitäten, Stammeseigenschaften und Volkscharakteren reden und rätseln wollten! Das *Wetter* macht es, daß *Frisia non cantat* und die Neapolitaner so schön singen, daß der arme Spanier stolz ist, der Ire trinkt, der Deutsche so viel arbeitet und der Eskimo sich so zurückhaltend vermehrt. Mache einer in der Bonner Waschküche weitsichtige Politik oder behalte im heißen Südamerika kühles Blut! Und eine wieviel kontinuierlichere und friedlichere »friedliche Koexistenz« ließe sich von Sotschi am Schwarzen Meer aus treiben! Selbst Washington ist ja nicht der idealste Ort, vom Klima her gesehen. Es ist völlig sinnlos, daß die Leute jeden Abend den Berichten der meteorologischen Anstalten und Wetterwarten zuhören wollen, um sich von der Variabilität des Variablen überzeugen zu lassen. Gutes Wetter macht man nicht; gutes Wetter muß man haben.

Suchumi hat es – wir schreiben Mitte Oktober und spazieren im Sonnenschein über den Markt, der zwar nicht so bunt und reich ist, wie es balkanische Märkte vor vierzig Jahren waren, als der Mangel noch nicht planmäßig vermehrt und der Überfluß noch nicht planmäßig gedrosselt wurde. Für achtzig deutsche Pfennige kann ich mir in einer deutschen Südfruchthandlung zwei herrliche Birnen erstehen; auf dem Markt von Suchumi kosten die beiden gar nicht so erlesenen und köstlichen Birnen einen Rubel, also mindestens 1,30 DM das Stück (nach offiziellem Kurs gar 2,10 DM).

Zwei Birnen gleich einer Langspielplatte (zum Beispiel Tschaikowskijs Violinkonzert) – es sind wahrhaft bemerkenswerte Relationen, in jeder Hinsicht.

Eigentlich suchte ich Trauben. War nicht Traubenzeit jetzt? Ich erhoffte schwellende Tische; aber man hätte das spärliche Angebot gewiß in einer Stunde nach Beeren auszählen können. Darum die Birnen. Aber die Sonne scheint freundlich und gleichmäßig auf kontingentierte Waren und freie Spitzen. Staatsläden und Warenhäuser wirken immer und überall seelenlos und anonym. Aber so ein Markt, wo hinter noch der bescheidensten Menge Gemüse oder Obstes der Bauer oder die Bäuerin stehen, die ihren bescheidenen Überschuß vom Lande in die Stadt gefahren haben, strahlt Originalität und Individualität aus, menschlichen Fleiß, menschliches Dienen. Hier spürt man das Aroma des Landes, die Seele des Volkes. Die Birne aus der Hand der Bäuerin, die sie pflückte, schmeckt nicht anders als diejenige, welche eine freundliche »Poshaluista« auf der Straße in Moskau verkauft. Doch es ergeht mir wie mit dem Glase, das der Winzer kredenzt, und dem, das ich mir aus einer Flasche eingieße, welche ich eben im Laden erstand. Man sagt, das seien altmodische Ansichten, Vorurteile. Aber wie viele Erfahrungen erscheinen dem Menschen der Massengesellschaft nur deshalb als Vorurteil, weil er nicht mehr die Gelegenheit erhält, selbst zu erfahren?

Natürlich stand auf dem Programm ein Bad im Schwarzen Meer, und das schloß sich denn auch sinnvollerweise an unseren Stadtrundgang an. Der Badebezirk lag am Südrand der Stadt und war säuberlich unterteilt; wir gehörten in die Abteilung »Ausländer«. Erst nachdem wir eine Weile auf der Pritsche gelegen und unsere Gesellschaft studiert hatten, wurden wir es inne, daß wir unter lauter Tschechen, Polen, Ungarn und anderen nicht-sowjetischen Volksdemokraten lagerten. Das Mißtrauen gegen alles, was aus dem Ausland kommt, ist zwar in den letzten Jahren einer etwas sachlicheren und offeneren Haltung gewichen; aber die Unterteilung noch der Badenden in inländische und ausländische Gäste beweist, daß alte Vorbehalte wirksam sind, die dann bei jedem – echten wie provozierten – Ausländerskandal von den Regierenden und der Presse neu belebt werden.

Immerhin gab es für Sonnenanbeterinnen ein Stück strengstens abgegrenzten und gesicherten Strandes, einen Streifen »Abessinien«. Wir hätten es nie erfahren, wenn nicht die Meisterin, die kein Badezeug mitführte, auf der Suche nach einer legalen Bademöglichkeit diesen Hinweis von unserer Aufseherin erhalten hätte. Ob mit oder ohne – es war wohltuend, den Leib in der Sonne zu räkeln, die sich so wenig von der über Sizilien unterschied wie ein Regen unter Hitler von einem Regen unter Stalin.

Unser Senior, ebenfalls ohne Badezeug, nahm ein legeres Zille-Sonnenbad; Viktor und ich aber wetteiferten mit den andern entblößten Volksdemokraten um den Platz an der Sonne.

Selbst hier, wo die Menschen einander in einfacher Körperlichkeit begegneten, war der Unterschied zwischen einer »kapitalistischen« und einer »sozialistischen« Badegesellschaft noch immer spürbar. Am augenscheinlichsten jedoch trat er am Abend in Erscheinung, als wir – auf dem Weg zu unserem separierten Speisesaal, in dem Viktor uns wohl gegen nachteilige Eindrücke und Einflüsse absichern wollte – einige Male den großen Tanzsaal durchqueren mußten. Da sah man sie sitzen und trinken und tanzen in aufgeräumter Stimmung, die neue Gesellschaft. Es war nicht allein der Mangel an Eleganz, der das allgemeine Bild wenig anziehend prägte – das Spießbürgerklima frappierte, die Hosenträger, die abgelegten Jacketts, die grellen Kleider, die allzu sorglose Haltung, das wenig graziöse Tanzen. Wenn Anmut und Schönheit bei denen wären, welche die Macht oder die Gewalt haben, müßte man daraus schließen, daß die sozialistische Massengesellschaft im Grunde eine machtlose, einflußlose Gesellschaft sei.

Aber noch schien die Sonne warm vom wolkenlosen Oktoberhimmel; und ob es nun der musterhaften Planung des sowjetischen Schriftstellerverbandes oder nur dem vielberufenen Zufall zugeschrieben werden mußte: auch in Suchumi wartete eine zoologische Attraktion auf unseren Tier- und Menschenfreund Gerlach. Und vielleicht, weil der Spielraum des Menschen in einem totalitär regierten Staat sehr eingeschränkt ist, verspürte auch ich während dieser russischen Wochen eine zoologische Neugier von zuvor nicht beobachteten Ausmaßen.

Je mehr uns die Maschine beherrscht, um so seltener, interessanter und köstlicher wird das Tier für denjenigen, der atmendes Leben liebt. Zuweilen hatte ich – auf Reisen in fremden Ländern –, wenn es sich günstig traf, während der letzten fünfzehn Jahre einen zoologischen Garten besucht, und noch jedesmal, wenn ich vor den Zwingern und Gehegen stand, ein leises Schuldgefühl verspürt und die unausgesprochene Anklage der Tiere empfunden, die dem Menschen, der sie ihrer Freiheit beraubt hatte, als Anschauungsmaterial dienten. Er ging stolz und frei und hochmütig vor den Behausungen ihrer Unfreiheit auf und ab und begutachtete sie: ein Zwerg den Elefanten, ein Kretin den Löwen. In den zoologischen Gärten von Moskau, Leningrad und Tiflis aber gewann eine andere Empfindung von Mal zu Mal die Oberhand. Ich sah den Wisent, den Bambusbär, den Tiger, Löwen, Elch und Wolf und dachte: Man hält euch gefangen, und ihr leidet daran. Aber niemand fordert von euch, daß ihr eure Wärter besingt, eure Gefangenschaft als paradiesisches Geschick preist. Selbst die Hyäne im Leningrader Zoo hat bei aller Unfreiheit doch die Freiheit, in einer viele hundert Male am Tag wiederholten stereotypen Bewegung gegen ihr Gitter anzulaufen. Wie häßlich war sie doch in ihrem schmutzig gefleckten Fell ... Am Halse pendelte ein Gewächs, wie ein Kettchen, hin und her; der Kopf war plump und unschön – ein erbarmungswürdig abstoßendes, ausgestoßenes Geschöpf der Schöpfung. Dennoch war ihr die Würde des Widerstandes geblieben, und ihr monotoner Protest erschütterte. Welches Recht aber – zu widersagen, zu widerstehen – hatten diejenigen, die gutmütig, gutgläubig, neugierig, nachdenklich vor den Käfigen auf und ab schritten – die domestizierten Menschen vor den domestizierten Tieren, denen ihre Stummheit und Wildheit ersparte, ihren Gefängnisaufsehern und -wärtern zu schmeicheln?

Man sagte uns, daß etwa eintausendfünfhundert Affen in Suchumi für Forschungszwecke gehalten würden, und der Aufstieg durch ein parkähnliches Gelände ließ denn auch die Größe der Anlage und den »tödlichen« Ernst dieses Forschungsinstitutes erahnen. Neugier und Unterhaltungsbedürfnis lockten viele Feriengäste an die zum Teil riesigen Käfige und Anlagen, in denen viele Hunderte von Affen verschiedenster Rassen und Größe ihr Wesen und Unwesen trieben.

Am groteskesten berührte das Gehege der Paviane, in dem ein betagter Regent mit schneeweißer Mähne auf die Gunst von etwa hundert Weibchen hätte zählen können, würde er sie nur annähernd wahrgenommen haben können. Daß keiner der Zuschauer und Besucher diese groteske Unterstellung auch nur in Gedanken mit nach Hause nähme, dafür sorgten die vernachlässigten Damen, die untereinander den Ausfall an Männlichkeit durch Täuschungs- oder Vortäuschungsmanöver auszugleichen suchten.

Eine Assistentin des Instituts führte uns, eine einfache, aber sachkundige Frau, die nicht der Prüderie verdächtigt werden konnte. Am Ende des Rundgangs führte sie uns an ein Gehege, das jungen Rhesusäffchen vorbehalten war, die uns mit einer Anteilnahme begutachteten, die der unsrigen nahezu entsprach: und so endete der Rundgang in Gelächter und Affengekreisch.

Ehe wir uns, ins Hotel zurückgekehrt, zum Abendessen und zum fälligen Streitgespräch mit Viktor niederließen, fuhren wir noch mit einem Dampfer, der etwa die Größe der respektabelsten Bodenseeschiffe hatte, für eine Stunde aufs Schwarze Meer hinaus.

Es war gegen neunzehn Uhr; die Sonne war gesunken, und die Nacht dämmerte mit den ersten Sternbildern herauf. Suchumi hatte seine Lichter entzündet, die wir zurückließen, neben uns das dunkle bewegte Wasser, über uns den Himmel. Wir zogen eine große Schleife, die immer neue Rückblicke auf die Stadt erlaubte, eine Stunde lang; für dreißig Kopeken.

Als wir weit draußen schwammen, fragte ich Viktor, ob er ein Streichholz habe; ich wollte mir eine Zigarette anzünden. Daraufhin bot ein uns gegenübersitzender Arbeiter, der mich einer Zigarette bedürftig glaubte, mir eine solche an, und als ich ihm dafür durch Viktor danken ließ, der einiges Nähere über unsere Reise und Nationalität verriet, überreichte er mir eigens eine unangetastete Packung mit dem Bemerken, die Feindschaft zwischen unseren Völkern müsse ein Ende haben, wir müßten Freunde werden. Er war gar nicht aufdringlich, aber unerbittlich in dem Vorhaben, mir dies kleine Geschenk zu machen, das damit über etliche Metamorphosen die Rolle der gemeinsam zu rauchenden Friedenspfeife übernahm.

Am nächsten Morgen mußten wir unser Frühstück, da wir sehr früh aufbrachen, in einer kleinen Pantry einnehmen, die in der zweiten Etage des Hotels lag, und ich würde der fünf oder zehn Minuten währenden hastigen Mahlzeit auch kaum gedenken, wenn mir nicht die heitere und ungemein gewinnende Art des Wirtes den frühen Morgen so nachhaltig überglänzt hätte.

Diese freundliche Erfahrung und der blaue Himmel geleiteten uns auf der Fahrt zum Flughafen Adler, für die wir gut sechs Stunden Zeit hatten. Vier davon waren für die Fahrt und zwei für ein Bad im Schwarzen Meer eingeplant.

Der Fahrer wich bald von der flachen Küstenstraße und lenkte sein Gefährt hügelan, am Saume des Gebirges entlang, das vom Schwarzen Meere aus anstieg. Dann kehrte er ins Flache zurück; dann wieder veränderte sich die Landschaft und wurde kühn wie die zwischen Sorrent und Amalfi. Eine kurze Rast, von einem Imbiß ausgefüllt, machte uns mit ihrer natürlichen Schönheit vertraut, die ohne die lichterfüllte Nähe des beinah unbewegten Meeres nicht denkbar ist. Einfache Häuschen, zum Teil auf Pfählen errichtet, lagen hier und dort über die Landschaft verstreut. Ketten mit Zwiebeln und Paprikaschoten hingen am Gesims. Letzte Blumen blühten in den winzigen Gärten. Das Land, die Landschaft, das Landleben prägten das Bild.

Viktor aber schwärmte Gagra entgegen, dem Bad der neuen sowjetischen Gesellschaft, in dem auch er sonnige Wochen mit seiner Frau verbracht hatte, im letzten Sommer. Gagra galt offenbar als Mekka, Taormina, Cannes, Travemünde der Russen und anderer Volksdemokraten. An Kollektiv-Datschen des sowjetischen Schriftstellerverbandes vorbei – der russische Spitzname dafür war etwa mit »Gschaftelhubereien« zu übersetzen –, die ich nur zu gern mitsamt ihrer Belegschaft besichtigt hätte, kamen wir schließlich in Gagra an.

Viktor wies den Fahrer an, ein Stück mit dem Wagen vorauszufahren, und nahm mit uns – über eine Promenade hinweg – den Weg zum Strand. Irgendwo machte er uns noch auf ein Gebäude aufmerksam, das ein deutscher Prinz oder Herzog vor dem Ersten Weltkrieg erbaut hatte. Dann aber standen wir im Angesicht des Meeres an einem Punkt, den Viktor möglicherweise von seinem Sommerurlaub her für den günstigsten halten mochte. Auf jeden Fall blieb er plötzlich stehen, sah uns an, blickte aufs Meer, sah uns wiederum an und sagte bedeutungsschwer und herausfordernd ein einziges Wort: »Nun ...?«

Es war wie die auf einen Schuß verkürzte Frage: »Was sagt ihr nun, ihr verwöhnten Westler, zu diesem sowjetischen Musterbad Gagra? Seid ihr nicht beschämt? Verstummt ihr nicht angesichts dieser landschaftlichen Schönheit? Gibt es etwas Besseres, Vollkommeneres auf dieser Welt?«

Viktor und ich nahmen ein Bad; der Strand war steinig und flach, aber das Wasser war eine köstliche Belohnung für den mühsamen Einstieg. Es hatte vielleicht achtzehn oder neunzehn Grad. Trotzdem rief neben uns eine Landsmännin aus der Nachbarrepublik, die sich ins Wasser begab: »Awer gald isses ...«

Schließlich war es Zeit, aufzubrechen: in Adler würde gegen vierzehn Uhr die Maschine nach Moskau starten, und Viktor hielt auf Sicherheit. Noch einmal trug uns das gemietete Vehikel in hügeligem Kehrauf, Kehrab die Küstenstraße entlang. Die Sonne schien warm; der Himmel blaute, die Landschaft leuchtete in herbstlichem Verfall, und das Schwarze Meer ruhte unbewegt in sich selbst, von Abermillionen Lichtreflexen überglänzt. Einmal begegnete uns ein Hirt mit einer kleinen Herde; ein andermal rasteten einige Holzfäller am Weg und verzehrten ihr mitgeführtes Mahl. Meist lag die Fahrstraße unbelebt im Mittagslicht. Viktor hatte vorsorglich die landschaftlich wohl ergiebigste Route wählen lassen. Obwohl es Oktober war, leuchtete die Landschaft in altersloser Schönheit.

»Gefällt es Ihnen?« fragte Viktor, der für seine Organisationstalente nur zu gern ein lobendes Wort ersehnte.

»Ein wundervoller Tag, Viktor ...« sagte ich. »Ein überaus gelungener Abschluß dieser Reise.«

»Sie sehen: auch Rußland ist schön«, sagte er voller Stolz.

»Ja«, bestätigte ich. »Es gibt überall Schönheit auf dieser Welt, Viktor. Es kommt nur darauf an, was die Menschen aus dieser schönen Welt machen ...«

»Sehen Sie!« sagte er. »Wir verstehen uns doch!«

Wir waren bei etwa fünfundzwanzig oder sechsundzwanzig Grad Celsius in Adler am Schwarzen Meer in die vollbesetzte Maschine geklettert – als wir in Moskau landeten, zeigte das Thermometer neun Grad an. Ein kalter Wind pfiff uns um die Ohren. Der Himmel war bedeckt. Vor der Einfahrt in die Stadt grüßte eine riesige rote Tafel mit der Aufschrift: Es lebe die Kommunistische Partei der Union der Sozialistischen Sowjetrepubliken! Dann hatte unsere Taxe eine Panne, die mir zum Traubenkauf verhalf. Und dann landeten wir wieder im »Peking«, wo Steshenskij und Böll schon auf uns warteten und Viktor, dessen Auftrag erfüllt war, uns mit besten Wünschen entließ.

Auch eine Einladung wartete auf uns, eine gekoppelte sozusagen, die gerade Zeit ließ, das Hemd zu wechseln: in einer Stunde würde im Gorki-Institut für internationale Literatur eine Feier zum Gedenken an Leonhard Frank stattfinden, für die man unsere Teilnahme und von Heinrich Böll einige deutsche Gedenkworte erbeten hatte; im Anschluß an diese Feier seien wir beim Leiter des Institutes zum Abendessen gebeten.

Wir begaben uns also ins Gorki-Institut – Maxim Gorki als »Klassiker« der Weltrevolution gibt unzähligen Instituten, Bibliotheken und Schulen seinen Namen – und wurden dort von Professor Anissimow und seinen Mitarbeitern freundlich empfangen. Ich kannte Anissimow von einem Essen her, das die Stadt Stuttgart der sowjetischen Delegation, die zwei Jahre zuvor die Bundesrepublik bereiste, im Restaurant des Fernsehturmes gegeben hatte.

Wir begaben uns in den Vortragssaal des Institutes, der etwa zu einem Drittel besetzt war; das Auditorium hatte vorwiegend auf den hinteren Reihen Platz genommen. Eine riesige, expressionistisch gestaltete Gorki-Büste beherrschte den Hintergrund. An einer Seitenwand waren Lichtbilder von internationalen Literaten montiert: Dreiser, Hemingway, Rolland, Johannes R. Becher, Shaw, Laxness, Nexö . . .

An einem langen Tisch nahmen wir Platz: Anissimow als Lenker des Ganzen, die vorgesehenen russischen Referenten und wir wiedervereinigten drei, um jeweils einen Dolmetscher gedoppelt. Anissimow eröffnete den rhetorischen Reigen mit einigen sachlichen Hinweisen. Schließlich gab er das Wort den Rednern der Gedenkfeier, die nacheinander, jeder etwa zwanzig oder fünfundzwanzig Minuten lang, Leonhard Franks Schaffen beleuchteten; selbstverständlich unter Gesichtspunkten und nach Maßstäben, die der Marxismus-Leninismus empfahl.

Aber weder der schlanke, blasse, jüdisch anmutende Lektor des Zeitschriftenverlages für ausländische Literatur, noch der beleibte Chefdogmatiker, noch die unheimlich perfekt und hemmungslos palavernde junge Germanistin vermochten dem bescheidenen Auditorium auch nur die Andeutung einer Zustimmung oder eines Beifalls zu entlocken. Jeder spulte seinen Faden ab und schien nicht auf Dank zu rechnen. Und die da hinten schienen zu wissen, daß da vorn Routinearbeit geleistet wurde: ein unumgängliches Soll, im Grunde weder der Rede noch des Echos wert. Manchmal sah man sie Bemerkungen austauschen, die kaum bewundernder Art sein konnten, eher kritischer oder gar abschätziger Natur. Keiner der Redner hatte das Ohr seiner Zuhörer. Der Lektor sprach halb schräg zum Vorstandstisch gewendet. Die Germanistin schien ebenso ins Blaue wie zu sich selbst zu reden ... (Ich sprach ihr hernach meine Bewunderung für eine so hemmungslose Suada aus, was sie mit der Versicherung quittierte: sie könne eigentlich überhaupt nicht reden, sie überspiele nur redend ihre außerordentliche Schüchternheit.) Und Professor S. war wohl allen schon seit Jahrzehnten als nie fehlender und fehltretender Äquilibrist bekannt, so daß alle ihn hinnahmen wie den Punkt hinter dem Satz und das Amen in der – Parteiversammlung.

Die Meisterin, die mir zu dolmetschen versuchte, mußte vor dem Mechanismus der approbierten Rede kapitulieren – und warum sollte mich interessieren, was das Auditorium offensichtlich kaum interessierte? Sie wollten wissen, was sie noch nicht wußten, und darum rührten sie plötzlich lebhaft ihre Hände, als ihnen Genrich in fünfzehn oder zwanzig einfachen Sätzen Schicksal und Tragik dieses aus der Emigration in ein ständig vor sich selbst emigrierendes Volk zurückgekehrten Schriftstellers schilderte.

Anissimow dankte Böll, und wieder rührten die anderthalb Stunden hindurch unbeteiligt Dasitzenden lebhaft ihre Hände. Die Gedenkfeier war zu Ende. Wir brachen auf.

Es war das zweite Mal, daß wir in einer russischen Familie zu

Gast waren, auch wenn es die kleinste Form einer Familie war, da Anissimows im Jahre zuvor ihren einzigen Sohn verloren hatten. Und wieder erwartete uns eine reich und mit Geschmack gedeckte Tafel, deren Köstlichkeiten zum größeren Teil von der Hand der Hausfrau und nach eigenen Rezepten zubereitet waren. Vor allem die Salate waren von verführerischer Würze. Am gelungensten schien mir der einfachste, ein Krautsalat, dessen Rezept ich mir von Frau Anissimow erbat: gehobeltes Kraut (weiß), eine geraspelte Mohrrübe, ein geriebener saurer Apfel, etwas grüner und weißer Sellerie, saure Sahne, Zitrone und »sehr bißchen Zucker«.

Sie sprach ganz gut deutsch, und das erlaubte Einblicke in ihr Wesen, das – bei allem geheimen Schmerz, an dem sie tragen mochte – von jener ungezwungenen Freundlichkeit, Fürsorge, Nachsicht und Teilnahme war, die den Gast ermuntern, einbeziehen und ihm das wohltuende, wärmende Gefühl unmittelbarer menschlicher, ja geschwisterlicher Nähe verleihen – ein Gefühl, das alle Russinnen dieser Altersstufe (die Endfünfzigerinnen und Frischsechzigerinnen) zu wecken wußten, ob es sich nun um die Führerin im Dostojewskij-Museum oder die Direktorin der Bibliothek für ausländische Literatur, die Verwalterin des Tolstoischen Winterhauses oder die liebenswürdige Germanistin Tamara Motylowa, die Anissimowa, die Romanowa des Schriftstellerverbandes oder die etwas jüngere Tschornaja handelte. Sie alle strahlten unaufdringlich Mütterlichkeit aus. Ich habe verläßliche Freunde, welche während des Krieges Zwangsreisende und ungebetene Gäste in Rußland waren, die Reinheit und Keuschheit der einfachen Russinnen rühmen hören. Da Tadel und Selbstlob in diesem Bereich an der Tagesordnung sind, möchte ich solchem »Lob des Fremden« trauen. Diese gereiften Russinnen, die hier und dort zur Fülle neigen, lassen etwas ahnen von den großen russischen Tugenden der Geduld, des Erbarmens, der Nächstenliebe. Sie sind näher am Leben, an der Wirklichkeit, am Menschen als ihre von Ideologie und Utopie terrorisierten Männer.

Anissimow, durch Stellung und Vergangenheit hinlänglich ausgewiesen, verschmähte es, den im Institut gewohnheitsmäßig angeschlagenen Ton fortzusetzen; er war ein freundlicher Gastgeber, der seinen Gästen, vor allem der Dolmetscherin, die er von der Deutschlandreise her kannte und mit dem Vornamen anredete, jede Aufmerksamkeit erwies und mit dem stillen Vergnügen des gedienten Ehemannes die Sympathie wahrnahm, die seiner liebenswürdigen Lebensgefährtin von allen Seiten zuströmte. Wir fünf – die Meisterin, Wolodja Steshenskij, Gerlach, Böll und ich –, nach vier Tagen der Trennung wieder beisammen, freuten uns der anheimelnden Atmosphäre, berichteten jüngst Erlebtes, gaben ein paar Auskünfte über unsere Familien und näherten uns darüber, unbewußt vielleicht, auch der eigenen Häuslichkeit, der wir gut achtundvierzig Stunden später wieder zustreben würden. Aber da gab es noch einen weiteren Gast in unserer Runde, den Towarischtsch – sagen wir – Samowarin, den Chefreferenten des Nachmittags, Professor für Germanistik, insonderheit für mittelhochdeutsche Literatur, einen Sechziger etwa mittlerer Größe, von behäbig-gewaltiger Korpulenz, mit kurzgeschnittenem, ergrautem Bürstenhaar, genußfreudiger Mundpartie, kräftigen, kurzfingrigen Händen, die – hätten sie es nur umfassen können – ein Krokodil erwürgen könnten, mit listigberechnenden grauen Augen, kräftigen Beißern und Kinnbacken, ansehnlichem Bauch und überhaupt von der Statur eines Findlings; ein Goliath, ein Bär, ein Walroß vom Körperlichen her gesehen – aber in dieser Fleisch- und Muskelmasse nistete, auf hundert Schleichwegen geübt, die Seele eines Fuchses, einer Otter, einer Schlange; und der Weg zu diesem Innenleben (ich zitiere ohne Urheberschaft: »Der hat seine Seele schon so oft verraten, daß er keine mehr hat«) oder dem nachgelassenen Hohlraum führte durch eine Kehle, die geräumig war wie die eines bayrischen Biertrinkers und ausgetrocknet wie ein balkanisches Flußbett im August.

Samowarin saß mir gegenüber; zwischen uns an der Schmalseite des Tisches war Gospodin Gerlach plaziert; beinah wie eine Art Schiedsrichter. Preis der Weisheit und dem Maß des silbernen Haares! Unser Senior hielt lächelnd die Hand über das Glas, das Samowarin ihm zum dritten Mal einschenken wollte, und lenkte damit alle Angriffslust des trinkfreudigen Barbaren auf mich.

Wie immer begann es mit Wodka – was wäre auch dagegen einzuwenden? Wodka regt den Appetit an, und der Speisen waren nicht wenige und immer verlockendere – ein weniger opferfreudiger Magen würde schon nach einem Drittel aller möglichen Proben kapituliert haben. Aber Wodka eben stimmt einsatzfreudig, opfermütig, aufnahmebereit.

»Greifen Sie zu, meine Freunde! Was auf dem Tisch steht, gilt als verloren. Meine liebe Frau hat den ganzen Tag an diesem Gemälde gearbeitet, das Sie vor sich sehen. Greifen Sie zu!«

»Eine Schande wär's«, sagte Samowarin (er soll Junggeselle sein), »das nicht zu würdigen. Mein Arzt hat mir Mäßigkeit verordnet; denn ich bin zumeist ein kranker Mensch. Aber heute abend fühle ich mich gesund. Prost, sage ich darum. Ihr Kognak hat es mir angetan, Anissimow. Ein herrlicher russischer Kognak. Ein Labsal. Sie müssen probieren, meine Herren. Sie müssen!«

Eigentlich bin ich auf den georgischen Weißen eingestellt, der da ebenfalls auf dem Tische wartet; aber Samowarin setzt die große Kognakflasche wie eine Maschinenpistole auf meine Brust, senkt sie und füllt mein Glas mit braunem Kognak. »Zum Wohl!« sagt er und rezitiert:

»Uns ist in alten mæren/wunders vil geseit
von helden lobebæren/von grôzer kuonheit ...«

»Sie kennen Deutschland?« frage ich.

»Demokratische Republik. Leipzig, Dresden, Weimar ... Sie trinken nicht, Herr Görlach? Sie wollen – wie sagt man – überspringen? Bitte sehr. Wir aber trinken. Oder schmeckt er nicht?«

Ich gestehe, daß ich eigentlich Weintrinker bin, aber natürlich – der Kognak ist gut. Ich wußte gar nicht ...

»Bundesrepublik weiß zu wenig von Sowjetunion. DDR weiß mehr. Trinken Sie, lernen Sie! Russischer Kognak ist vorzüglich.« Er gießt wieder ein, bis an den Rand. Er gießt auch sich ein.

»Kollege Anissimow?«

Aber Anissimow winkt ab. Er muß maßhalten; er spricht es nicht aus, aber er tut es. Samowarin sollte maßhalten, er spricht es aus; aber er tut es nicht. Er ißt und trinkt mit dem Heißhunger eines gefangenen Raubtiers, das sich plötzlich in Freiheit gesetzt sieht. Anissimows Abstinenz spricht ihm die Rolle des Anführers zu.

»In Rußland muß man austrinken!« mahnt er streng, als ich das vierte Kognakglas in zwei Etappen zu bewältigen trachte.

»Oder wollen Sie auf zwei deutsche Staaten trinken? Ich trinke auf Bundesrepublik.«

Da muß ein Bundesrepublikaner wohl austrinken.

Wer viel trinkt, muß gut essen. Der Kochkunst unserer Gastgeberin wird allseitig Ehre und Zuspruch erwiesen. Auch Samowarin ißt, was er nicht essen sollte. Mit Verachtung und Genuß zugleich. Manchmal spielt er mit seinen Kaumuskeln.

Dann wieder leckt er genießerisch die vom Kognak feuchten Lippen und rezitiert ein Stückchen aus dem Mittelhochdeutschen:

»Unter der linden an der heide
dô unser zweier bette was ...«

Aber das sind flüchtige Anwandlungen, nicht der Rede wert. An diesem Abend gilt es nicht zu zitieren, sondern zu trinken, sei es auf Kosten des Gastgebers, sei es auf Kosten der Gesundheit, sei es auf das Wohl der Gäste ... Eine unheimliche Gier spricht aus allen Griffen und Gesten, eine tödliche Genußsucht. »Trinken Sie, mein Freund! Trinken Sie doch. Kognak ist besser als Wein, konzentrierter ...«

Er spielt damit auf mein zweites Glas an, das ich gelegentlich mit Wein fülle, in der Hoffnung, daß mir demnächst doch die Umstellung auf dieses leichtere und bekömmlichere Getränk gelingen möchte, während er sein zweites Glas immer wieder mit Sauerbrunnen füllt. Und weil er auf diese Weise die rastlose Kognakzufuhr etwas unter Kontrolle behält, während ich mich einer zwiefachen alkoholischen Zerreißprobe ausgesetzt sehe, neigt sich die Schale des Sieges mehr und mehr auf die Seite des sowjetischen Chefgermanisten. Ich halte zwar durch fleißigen Verzehr ein annäherndes Gleichgewicht; aber während er mit unverminderter Wollust die braune Flüssigkeit aus der zur Neige gehenden Flasche in die rauhe Kehle fließen läßt, schlucke ich den neunten oder zehnten Kognak schon wie verordnete Medizin. Der Stumpfsinn der Trunkenheit läßt mich weiter mithalten, aber der Genuß des Trinkens ist längst ertötet. Ich trinke und weiß nicht warum. Ich nähme gern ein Glas Wasser zwischenhinein; aber das meine ist ja mit Wein gefüllt – also gieße ich Wein auf den Kognak.

Zwei- oder dreimal wische ich ihm eins aus, so unauffällig – ich spüre ja, daß sein Zugießen und Zutrinken nicht von selbstverständlicher Freundschaft, sondern von geheimer Schadenfreude ausgelöst ist. Professor Samowarin fühlt wie alle Gesinnungsroutiniers und Linienrichter, daß ich ihn durchschaue und kaum um seine Talente beneide.

Trotzdem läuft alles reibungslos. Die Unterhaltung bleibt lebhaft, und es geht kreuz und quer, herüber und hinüber. Auch die anderen füllen und leeren ihre Gläser, wenn auch nach eigenem Belieben. Das Ehepaar Anissimow freut sich seiner Gäste. Ganz offensichtlich herrschen Freundschaft und Frieden

– wie sollte es auch anders sein. Die Kognakschlacht findet unterirdisch statt. Nicht unter Ausschluß der Öffentlichkeit, beileibe nicht – alle sehen ja, wie oft Samowarin und ich uns zuprosten. Aber wer kann hinter unseren Stirnen lesen ...

»Zur Gesundheit!« sagen wir und denken: »Zur Hölle mit dir, Bursche!«

Wir brechen auf, gen »Peking«, heiter bewegt vielleicht; aber das Handküßchen für die liebenswerte Anissimowa sitzt, und man geht durchaus gerade. Man wünscht einander »gute Nacht« im Hotel und rüstet zur Nachtruhe. Das Zimmer ist neu, das Bad eigentlich schöner als jenes der ersten Moskauer Periode. Man sollte es ausnutzen.

Irgendein merkwürdiges Gefühl sitzt in mir, vielleicht vom abrupten Klimawechsel her; vielleicht möchte das Salz des Schwarzen Meers abgewaschen sein; vielleicht will eine Erkältung aufkommen. Unerklärlichen Trieben folgend, lasse ich die Wanne vollaufen, wohltemperiert, und steige – leicht schwankend – in das Bad. Kein Gedanke an Samowarin; keine Feindschaft, kein Übelwollen noch Übelsein. Wohlige Wärme umfängt mich.

Dann aber, nach einer genüßlichen Weile, tritt irgendein Gesetz in Kraft – ob nun ausgelöst durch das warme Bad oder vom Schicksal mit diesem gnädig gekoppelt –, und alles, was an diesem Abend an konsistenten oder flüssigen Materialien in mich einging, wird nach dem Prinzip, das Herakles den Augiasstall bewältigen und reinigen ließ, dem Sog des abfließenden Bades anvertraut. Man weiß, wie lästig und belastend solche Entlastungen auf dem Trockenen sind. Gepriesen aber sei das reinigende und fließende Wasser ...

Erst der nächste Tag macht die Niederlage offenbar. Um zwölf Uhr soll ein Empfang in der deutschen Botschaft für uns und einige russische Kollegen sein. Es heißt, es sei das erste Mal, daß sowjetische Schriftsteller in die deutsche Botschaft geladen werden. Aber alle meine Versuche, die Horizontale für mehr als fünf Minuten mit der Senkrechten zu vertauschen, mißlingen. Ich drücke mir Trauben aus, Stärkung erhoffend. Ich lasse Borshom kommen; nichts will helfen. Darüber vergeht – *»service very slowly!«* – viel Zeit. Aber weder die Zeit noch die bestellten Stärkungen heilen. Der Magen sagt: Laß mich in Ruhe mit all dem Kram; ich bin verstimmt, absolut verstimmt.

Ich muß meine Freunde ziehen und mich entschuldigen lassen. Meine Verbitterung ist groß. Drei Wochen hindurch, Tag für Tag, habe ich alles durchgestanden – das Schwergewicht Samowarin hat mich auf die Bretter gelegt.

Gegen vierzehn Uhr klopft es. Viktor, geschniegelt und gebügelt, im neuen eigenen Trenchcoat, tritt ein und stutzt: »Im Bett?!« Es klingt fast mißtrauisch. Aber meine Auskunft greift an seine Seele.

»Milch!« sagt er. »Ich besorge Ihnen Milch. Das ist die beste Medizin.« Er schwört darauf, holt Milch, läßt auch gleich Tee nachkommen, sitzt eine Weile an meinem Bett; und dann muß er gehen – seine Frau erwartet ihn.

»Meine Aufgabe ist erfüllt«, sagt er dienstlich. Und dann, ein wenig unsicher, auf Zustimmung hoffend: »Ich glaube, es gibt doch sehr vieles, das uns verbindet – meinen Sie nicht auch . . .?«

»Ach, Viktor . . .« sage ich, »wenn nur nicht dieser fürchterliche Haß wäre . . .« Ich kann nicht weiterreden – das Wort blokkiert mir die Kehle.

»Welcher Haß?« Er tritt näher. »Sprechen Sie . . .«

»Euer Haß! Dieser fürchterliche Haß, mit dem ihr die Welt vergiftet, der euch blind macht für alles Andersgeartete . . . Dabei lechzt euer ganzes Land nach Liebe, aber ihr füttert es mit Haß.«

»Nein, nein! Kein Haß!« beteuert er und nimmt meine Hand. »Kein Haß, sondern Freundschaft! Wir sind uns viel näher, als Sie glauben. Glauben Sie mir! Ich weiß es.«

»Möchten Sie recht haben, Viktor . . . Möchte es Ihnen und Ihrer Familie gut gehen. Ich danke Ihnen für alle Freundlichkeit und Hilfe. Leben Sie wohl.«

Er nimmt meine Hand in seine breiten Hände und drückt sie fest. Meine Rührung rührt ihn.

»Ich danke *Ihnen*«, sagt er warm. »Wir hatten doch schöne Stunden zusammen.«

Und dann will er mir wohl etwas besonders Freundliches und Schönes sagen, etwas, das in dieser merkwürdigen Situation ebenso rührend wie komisch klingt: »Sie sind ein sehr netter Mensch, wirklich, ein serr, serr netter Mensch! Ich werde Sie nie vergessen.«

Eine Stunde später kommen die Botschaftsgänger zurück, und ihre Kommentare trösten mich ein wenig über das vermeintliche Versäumnis hinweg. Aber sie wissen noch einen anderen, besseren Trost: Samowarin hat heute vormittag seine Vorlesung nicht halten können. Er liegt krank im Bett.

Samowarin bettlägerig? Wenn das keine beflügelnde Nachricht ist! Zudem steht eine Einladung zu dem Dramatiker Rosow (Film-Treatment ›Wenn die Kraniche ziehen‹) auf dem Programm; ich hätte sie nur zu gern wahrgenommen. Noch zwei Stunden Bettruhe – dann fahren wir allesamt zu Rosow. Es wäre doch gelacht.

Wir fahren also gegen neunzehn Uhr zu Rosow; allesamt. Aber ob es nun der Taxe zuzuschreiben ist, die mächtig nach Benzin stinkt, oder meiner noch immer nicht voll behobenen Schwäche, – vor dem Hause angekommen, befällt mich Scheu, in so ungesichertem Zustand die Wohnung eines fremden Gastgebers zu betreten. Samowarin heimlich fluchend, steige ich wieder in den Dunstkarren und kehre ins Hotel zurück; niedergeschlagen; geschlagen. –

Aber am nächsten Morgen, Phönix aus der Asche, bin ich wieder auf den Beinen. Ich gehe einkaufen mit der Dolmetscherin. Mittags – es ist Sonntag – sind wir zu Steshenskij eingeladen, und das Entchen schmeckt schon wieder. Nachmittags vereint eine große Germanistenrunde alle näheren und netteren Kollegen. Ich kann wieder alles zu mir nehmen – ausgenommen den Kognak, den man mir augenzwinkernd anbietet.

»Wissen Sie schon«, fragt mich einer, »daß Professor Samowarin, der eigentlich auch hier sein sollte, für die kommende Woche alle Vorlesungen abgesagt hat? Er ist ernstlich erkrankt und unter strenger ärztlicher Aufsicht. Sie sehen, er muß büßen dafür, daß er Ihnen einen Moskauer Tag geraubt hat. Er hatte schon einmal einen Schlaganfall. Er darf gar nichts trinken ...«

Nun, eine so elementare Rücksichtslosigkeit gegen sich selbst nötigt beinahe schon wieder Bewunderung ab. Vielleicht war diese zügellose Trinkerei für ihn nichts anderes als ein orgienhafter Ausbruch des gemaßregelten Trinkers gewesen? Und sofern es überhaupt einen Sieger in dieser Kognakschlacht gab, so nur einen Pyrrhussieger.

Aber wer spricht von Siegen ...

Ich hatte überstanden.

Noch einmal ging ich an diesem letzten Sonntag über die Straßen und Plätze Moskaus, die von Menschen belebt waren, zwängte mich durch die sich drängenden Besucher des riesigen Warenhauses und versuchte, in ihren Mienen zu lesen und das Geheimnis zu ergründen, das – wie das Rätsel der Sphinx – über dieser Stadt und diesem Lande zu liegen scheint.

Es war noch immer »ein anderes Land« für mich; anders als England, Italien, Skandinavien, die Vereinigten Staaten oder Indien – anders als jedes einzelne Land und anders als alle zusammen. Denn was immer eine Stadt wie Kalkutta von Stockholm, London von Paris, New York von Rom unterscheidet – der gemeinsame Nenner bürgerlicher Freiheit ist unverkennbar. Noch der kleinste Straßenhändler in Katmandu lebt bei allen seinen Sorgen furchtlos in seinen Tag, der ärmste irische Trinker, der in seinem Zigeunerwagen schläft, leitet seine Herkunft von den alten irischen Königen ab, nicht weil er reich, sondern weil er frei ist. Die Welt ist fehlerhaft, die sozialen Verhältnisse sind in nicht wenigen Ländern der Erde niederschmetternd, der Luxus stellt sich mancherorts schamlos zur Schau, und Elend und Krankheit liegen, sich ihrer Blöße schämend, am Wege der Menschheit. Aber die heilende, befruchtende Formel dieser Menschheit tritt ja nicht als Alternative auf: Armut oder Unfreiheit, Mangel oder Dressur, Unsicherheit oder Polizeistaat, sondern ruft nach der Synthese: Freiheit und größerer Wohlstand, Entspannung durch ökonomischen Ausgleich, Frieden durch gemeinsame Inangriffnahme jener in zwei, drei Jahrzehnten auf die Menschheit zukommenden Probleme, die so ungleich tragischer und den Weltfrieden gefährdender sind als alle nationalen und klassenkämpferischen Probleme von heute zusammengenommen.

Es ist schwer, zu entscheiden, ob ein Volk »glücklich« ist. Wollte man sein Urteil von den Mienen und Gepflogenheiten der Völker ableiten, würden die Italiener vielleicht die besten Chancen haben, glücklich gepriesen zu werden. Aber wer weiß, ob die Engländer nicht glücklicher sind? Oder die Franzosen? Die Dänen?

Ich weiß nicht, ob die Sowjetmenschen – soweit ich sie zu Gesicht bekam – zufrieden oder gar glücklich sind. Aber ich weiß, daß sie nicht diesen Eindruck erwecken. Wer das Auf und Ab, das Vor und Zurück der sowjetischen Innen- und Kulturpolitik während der letzten Jahre verfolgt und einige Kostproben nachstalinistischer Literatur genommen hat, begreift nur zu gut, daß ein durch drei Jahrzehnte von Unsicherheit und Furcht gepeinigtes Volk, welches Terror, Not, Krieg und alle Formen physischer und psychischer Pression über sich ergehen lassen mußte, nicht den Anschein eines sorglosen, heiteren, freien Volkes erwecken *kann* – es müßte denn ein absolut charakterloses und minderes Volk sein, das sich wollüstig mit allen in- und ausländischen Vergewaltigern paart.

Unsicherheit und Erwartung scheinen mir die kennzeichnenden Begriffe und Stimmungen zu sein, die das allgemeine Bild, die Atmosphäre bestimmen. Neugier und Teilnahme, Mißtrauen und Aufmerksamkeit, Vorsicht und Annäherungsbedürfnis, Furcht und Sehnsucht, Haßliebe und Selbstmitleid, Neid und Resignation – alle Antinomien und Komplementäraffekte glaubt man zu spüren, wenn man unter diesen Menschen geht, mit ihnen lebt, sieht, hört, genießt. Aber durch alle diese gebrochenen Temperamentsäußerungen hindurch dringt – wie Wärme durchs Dunkel – eine fordernde, bedrängende, verlangende, erlösungswillige, erlösungsbedürftige Menschlichkeit, Brüderlichkeit. Der ungeheure, erpresserische Anspruch der sowjetischen Politik scheint mir hier seine Wurzel zu haben. Der Kommunismus, eine Erfindung westlicher Intellektualität und Philosophie, ist in seiner gegenwärtigen Gestalt ohne diese russische Komponente nicht zu verstehen. Soviel Haß immer diese Weltanschauung ausstrahlt (sie wurzelt im Aufstand der Erniedrigten und Beleidigten) und so unliebenswürdig sie damit selbst erscheinen muß – ihre Innenseite ist weich und verwundbar und erreichbar. Seit das »Christentum« in Rußland ausgerottet und andernorts säkularisiert ist, scheint es keinen Schlüssel mehr zu geben zum Herzen dieses Volkes; und ich glaube: die Russen empfinden dies und leiden daran. Alle unsere primitiven Faustregeln versagen vor der differenzierten Psyche eines Volkes. Daß wir als diejenigen, die einst am meisten zu leiden hatten unter der Gleichsetzung von Regime und Volk, diese Gleichsetzung zur Maxime unserer Ostpolitik machten, wird späteren Generationen vermutlich ein kaum lösbares Rätsel aufgeben. –

Wir waren an diesem Sonntag noch einmal zu Gast in Moskauer Familien, mittags bei unserem Dolmetscher und Bärenführer Wolodja Steshenskij, der mit seiner Frau und zwei kleinen Mädchen eine hübsche, an westlichem Geschmack orientierte Zweieinhalbzimmerwohnung bewohnt, am Nachmittag in der größeren Etage eines Germanisten, der die meisten der Schriftsteller und Publizisten, denen wir in diesen Wochen begegnet waren, zu sich gebeten hatte – darunter den alten Paustowskij und die Lyrikerin Margarita Aliger.

Sie alle waren festlich gekleidet; die Frauen trugen seidene Blusen oder dunkle Kleider. Wo ein Tisch stand, war er gedeckt und mit Getränken und Speisen überhäuft. Konfekt und Kuchen, Kaffee, Tee, Kognak, Wodka und Wein, Trauben, Äpfel, Birnen und Nüsse – was die Jahreszeit und die Küche an Verlockendem hergaben, stand und lag für uns und alle bereit, die wir gedrängt saßen, die Plätze wechselten, wenn ein Gespräch oder eine neue Bekanntschaft es erforderten, und an die alten zurückkehrten, wenn es galt, den Faden wiederaufzunehmen.

Eine merkwürdige Stimmung lag über dem Treffen, die sich aus Heiterkeit und Schwermut, Angriffslust und Versöhnungsbereitschaft, Festlichkeit und Trauer mischte. Während hier und dort die alten Angriffspunkte – die Soldatenzeitung zum Beispiel oder die Herren Strauß und Co. – mit fast manischem Argwohn angepeilt wurden, feierte jene deutsch-russische »Freundschaft« Auferstehung, die in den Tiefen der russischen Seele wie eine nie gestillte Hoffnung, ein nie beschwichtigtes Trauma gärt und treibt und die – jenseits aller politischen Spekulationen – als uneingelöstes Versprechen und ungetilgte Schuld zwischen beiden Völkern oder Mächten klafft.

Es gibt ja drüben eine echte, aber bedingungslos fordernde Sympathie für alles Deutsche, die wohl in der gleichen Gefährdung, ähnlicher Maßlosigkeit, Opferbereitschaft, Herrschsucht, Dienstwilligkeit ihre Wurzeln hat. Aller Haß, der uns von drüben entgegenschlägt, ist verschmähter Liebe verwandt und wäre dementsprechend abzuwandeln, wenn auch nur eine Andeutung von gutem Willen, ein Hauch von Talent für Völkerpsychologie, ein Gran von Phantasie in den Hirnen und Seelen jener Leute lebendig wären, die – dort wie hier – sich einem Auftrag stellen oder ihn auf sich ziehen, ohne ihm gewachsen zu sein. Zugleich aber wurde hinter allen Fragen, Zweifeln, Vorbehalten, Anschuldigungen die uneingestandene Ausweglosigkeit spürbar, die den persönlichen Verdacht in Propaganda, die Propaganda in persönlichen Verdacht umschlagen läßt. Was können diese Menschen sich für Vorstellungen von uns machen, wenn wir auf die strafwürdigste und leichtfertigste Art den Anspruch mißachten, den einundzwanzig Millionen gefallener, ausgehungerter, liquidierter Sowjetbürger – eindringlicher und unabweisbarer als alle kommunistischen Sprüchemacher – auf unseren Anstand, unsere Einsicht, unseren Wiedergutmachungswillen erheben? So wenig wie Zweifel daran sein kann, daß dieser Staat ein Gewaltstaat, ein totalitäres Monstrum ist, so wenig kann bezweifelt werden, daß dieser Umstand immer noch vielen zum fadenscheinigen Vorwand dienen muß dafür, daß ein älterer Schuldner dem jüngeren vorenthält, was – auch ohne pseudo-christliche Argumente – Pflicht und Schuldigkeit wäre. Gibt es nicht der verbindenden Verhängnisse genug?

Irgend jemand fragte an diesem Nachmittag, wie es denn möglich sei, daß man zum obersten Richter des Staates einen Juristen bestellen könnte, der sich als höchst »gefällig«, ja vordringlich eifrig in Hitlers Willkürjustiz erwiesen habe.

»Vergessen Sie nicht«, antwortete ich, »daß es Jahre gab, da achtzig und mehr Prozent des deutschen Volkes an Hitler und seine ›Sendung‹ glaubten und daß der Anteil unbelasteter Beamter, auch in der Justiz, so klein sein *muß* – es werden immer wieder alte Sünder, die sich gut zu tarnen wußten, aufgespürt werden.«

Einige Sekunden mochte diese Erklärung als fade Ausrede erscheinen können. Dann aber sagte der eine der beiden Gesprächsteilnehmer zum anderen: »Schau hinüber! Da drüben sitzt Kopelew, der neun Jahre ins Lager gehen mußte. Heute wissen wir alle, daß er zu Unrecht verurteilt wurde. Aber der Richter, der ihn verurteilte, spricht auch heute noch Recht.«

Wie viele Wunden sind uns gemeinsam? Welche Irrtümer verbinden oder trennen uns?

Dazwischen gab es Viertelstunden reiner Anschauung und Darstellung, etwa, wenn Paustowskij von Isaak Babel erzählte oder Böll von Irland, wenn Ginsberg von Gryphius schwärmte und Melnikow von seinen Ikonen, oder Kopelew mich nach Frans Masereel ausfragte. Gäste kamen und gingen. Neue Gesichter tauchten auf und richteten prüfende Blicke auf uns, und die alten, vertrauten lächelten uns zu, schon von der Wehmut des bevorstehenden Abschieds beschattet. Würden wir wiederkommen, eines nicht zu fernen Tages? Hatte es uns gefallen in Rußland? Sollte man nicht gemeinsam eine »bundesrepublikanische« Lyrik-Anthologie erarbeiten, die *nur* nach literarischen

Gesichtspunkten zusammengestellt sein würde? (Irgendein Pseudounternehmen dieser Art, hinter dem sich ideologische Fellow-travellerschaft verbarg, war von mir freundlich, aber unmißverständlich auf seine politische Zuträgerrolle reduziert worden.) Oder ein Buch über russische Ikonen, wäre das nicht eine neue Moskaureise wert?

Ein liebenswürdiges Sichereifern, ein freundschaftliches Werben, eine verführerische Gastlichkeit waren am Werke: es werde doch Früchte tragen, dieses Zusammentreffen? Man sei sich doch nähergekommen? Müßten unsere Völker nicht alles versuchen, eine friedliche Zukunft zu sichern? Werde der neue deutsche Wiederaufstieg wirklich nicht zu einem dritten Kriege führen? Alles, was an persönlicher Beschwörung und allgemeiner Redensart, literarischem Sendungsbewußtsein und politischem Engagement lebendig und wirksam war, drängte sich zu Wort und wollte einen Widerhall.

Der Aufbruch erst machte deutlich, wie ernst es diesen Menschen war mit ihrem Liebeswerben. Jeder von uns hatte Geschenke zu tragen: Schall- und Sprechplatten, Drucke und Bildbände – und in einem der Bücher stand eine lange Widmung:

»Denn Freiheit ist der Odem unseres Lebens,
das Salz der Speise und der Wind im Segel.«
In diesem Geiste sind wir trotz allem,
was war und was ist und was noch kommen mag,
trotz alledem und allem Ihre Freunde und Verbündete.
Nichts soll uns entfremden!
Zum Andenken an neue Freunde in Moskau.

14. Oktober 1962 Unterschrift

Es galt, viele Hände zu drücken, und da einige dieser Hände Frauen gehörten, ergab es sich, daß man sie nicht nur leise drückte, sondern – da die erste dafür entgegenkam – der Reihe nach mit einem Handkuß versah. Die eine hatte zwei Schostakowitsch-Konzerte gegeben, die andere einen Ikonenband, und jene gehörte der Gastgeberin, und diese war auch ohne Gabe gut und einer kleinen Zärtlichkeit wert. Empfing diese Geste nicht hier, wo sie wohl ganz aus der Übung gekommen ist, ihren unverfälschten Sinn zurück: Huldigung und Zuneigung auszudrücken? War es nicht überhaupt auf seine Art ein kleines Wunder, daß man drei Wochen in einem prüden und unerotischen, betont proletarischen Lande verbracht hatte, welches so bar jeder Versuchung, ja des Versuchs einer Versuchung schien, und beim Verlassen dieser Stadt dennoch wußte oder zu wissen meinte, daß zu den nicht eben zahlreichen Reichtümern und Guthaben des Landes seine Frauen zu zählen waren? –

Bei der letzten Flasche Champanskoje saßen wir dann zusammen und entwarfen, von Steshenskij dazu angeregt, eine kurze Dankadresse: »Am Ende einer an Eindrücken reichen Reise, die uns nach Moskau, Leningrad, Tiflis, ans Schwarze Meer und wieder zurück nach Moskau geführt hat, fühlen wir das Bedürfnis, dem Sowjetischen Schriftstellerverband für erwiesene Gastfreundschaft und fürsorgliches Geleit unseren Dank auszusprechen. Diese Reise hat uns in der Überzeugung bestärkt, daß es kein besseres Mittel zu gegenseitigem Verständnis und zum Abbau schädlicher Vorurteile gibt als das offene Gespräch zwischen Menschen verschiedener Nationalität und Überzeugung. Sowohl die öffentlichen Lesungen und Diskussionen wie die Gespräche mit Schriftstellern und Kritikern haben uns bewiesen, wie lebhaft der Wunsch nach geistigem Austausch ist. Besonders beeindruckt haben uns die Aufgeschlossenheit und echte Wißbegier der russischen Jugend und die Lesefreudigkeit des Publikums überhaupt. Einig mit allen Menschen guten Willens in der Sehnsucht nach Frieden und friedlicher Arbeit, halten wir es für heilsam und nützlich, die Möglichkeit unmittelbarer Anschauung und Begegnung zu pflegen und zu erweitern.«

Dann begann für jeden die Sisyphusarbeit des Packens.

Jenes 15. Oktobers gedenkend, da wir früh aus den Betten mußten, um mit Wolodja Steshenskij, der sanften Natascha und dem menjoubärtigen Dozenten, der mir noch ein sauber gerahmtes aquarelliertes Moskaumotiv überreichte, das letzte Frühstück im Hotel »Peking« einzunehmen, befällt mich Melancholie, um nicht zu sagen Trauer – Trauer nämlich über den unermüdlichen seelischen Aufwand der einzelnen, der vor der Trägheit des Ganzen und dem kalten Zweckdenken von Gewalttätern wie Gewaltausübenden zu flüchtigem Strohfeuer wird.

Als wir in Scheremetjewo anlangten, waren sie alle schon da oder gesellten sich zueinander, die »neuen Freunde« der letzten Wochen, um uns die letzten Schritte zu erleichtern und ein Lebewohl zu sagen, das »Auf Wiedersehen!« heißen sollte, um »Auf Wiedersehen!« zu sagen, selbst wenn es vielleicht nur ein Lebewohl sein mochte: die »Hexe aus dem Kreml«, die Freundin Nekrassows, unsere Natascha, Melnikow und Kopelew, der »Dozent«, unser Wolodja – und wer sonst noch unerkannt und ungenannt Zeuge unserer Abreise sein wollte.

Ach, die unausgeschlafene, angefochtene Seele der Scheidenden! Und die ernüchterte, verschreckte der Zurückbleibenden ...! War es Dankbarkeit darüber, daß man heil wieder heimkehren durfte in die Zone unentbehrlicher Freiheit, die einen so aus der Fassung brachte? War es Mitfühlen und Mitdenken mit den Zurückbleibenden, die insgeheim vielleicht vorausdachten? Es war, so wollte es mir scheinen, ein Abschied, keinem anderen vergleichbar. Trennte man sich von einer Illusion? Von »Illusionisten«? Ließ man jene zurück, ließ man ein Stück von sich selbst fahren? Verriet man – als »Ungläubiger« – die Gläubigen, die Glaubenden und unermüdlich Hoffenden ...?

Ich weiß nur, daß jeden von uns dieser Abschied über Gebühr ergriff, und daß die Arme, die uns umfingen, brüderliche Arme waren, und die Küsse, die auf unseren Wangen landeten, denen ähnlich waren, die Verwandte und Freunde in Italien miteinander tauschen, daß die Hände, die uns winkten, etwas flehentlich Beschwörendes aussprachen und die Augen, in welche wir blickten, etwas von der Trauer widerspiegelten, die der hochfahrende, himmelhoch jauchzende, verzweifelt hoffende Menschengeist mit der ergebenen, geduldigen, erdverhafteten Kreatur teilt. Ließen wir sie in ihrem Fatum? Entließen sie uns aus einer kurzfristigen gemeinsamen Hoffnung?

Wie auch immer – es gab kein Ausweichen: ein Schmerz griff nach uns. Und als just in der Sekunde, da wir die letzte Hand gedrückt hatten, ein von der Szenerie und der eigenen Unausgeschlafenheit offensichtlich gebeutelter Herr der deutschen Botschaft auf der Bildfläche erschien, entfuhr Genrich – ohne jegliche Bösartigkeit, gewissermaßen als Selbstschutz und Galgentrost gegen ähnlich strapaziöse Aufbrüche aus der Kriegszeit – die Bemerkung: »In letzter Minute – der Leutnant vor dem Sturmangriff ...«

Dann aber war es überstanden, das sozialistische Abenteuer. Die kapitalistische Gewohnheit trat schon wieder in Kraft – in Gestalt eines höchst überflüssigen zweiten Frühstücks. Skandinavisches Wohlleben umgab die Flüchtigen, die in neuntausend Meter Höhe Kurs auf Stockholm hielten.